U0122519

心一堂術數古籍珍本叢刊

書名：地理元合會通二種（下）

系列：心一堂術數古籍珍本叢刊 堪輿類 第二輯 224

作者：【清】姚炳奎

主編、責任編輯：陳劍聰

心一堂術數古籍珍本叢刊編校小組：陳劍聰 素聞 鄒偉才 虛白盧主

出版：心一堂有限公司

通訊地址：香港九龍旺角彌敦道六一〇號荷李活商業中心十八樓〇五一〇六室

深港讀者服務中心‧中國深圳市羅湖區立新路六號羅湖商業大廈負一層〇〇八室

電話號碼：(852)67150840

網址：publish.sunyata.cc

電郵：sunyatabook@gmail.com

網店：http://book.sunyata.cc

淘寶店地址：https://shop210782774.taobao.com

微店地址：https://weidian.com/s/1212826297

臉書：https://www.facebook.com/sunyatabook

讀者論壇：http://bbs.sunyata.cc/

版次：二零一八年十一月初版

平裝：兩冊不分售

定價： 港幣 六百八十元正
　　　 新台幣 兩千六百八十元正

國際書號：ISBN 978-988-8582-08-2

版權所有 翻印必究

香港發行：香港聯合書刊物流有限公司

地址：香港新界大埔汀麗路36號中華商務印刷大廈3樓

電話號碼：(852)2150-2100

傳真號碼：(852)2407-3062

電郵：info@suplogistics.com.hk

台灣發行：秀威資訊科技股份有限公司

地址：台灣台北市內湖區瑞光路七十六巷六十五號一樓

電話號碼：+886-2-2796-3638

傳真號碼：+886-2-2796-1377

網絡書店：www.bodbooks.com.tw

台灣國家書店讀者服務中心：

地址：台灣台北市中山區松江路二〇九號一樓

電話號碼：+886-2-2518-0207

傳真號碼：+886-2-2518-0778

網絡書店：http://www.govbooks.com.tw

中國大陸發行 零售：深圳心一堂文化傳播有限公司

深圳地址：深圳市羅湖區立新路六號羅湖商業大廈負一層〇〇八室

電話號碼：(86)0755-82224934

心一堂微店二維碼

心一堂淘寶店二維碼

重鐫地理元合

會通錄

會通錄　何維樸題

光緒廿年秋

新鐫版孳湖

南方益元刊

褚先生補史記言占家有五行堪輿叢辰建除天文太一
各据所學爲吉凶而漢書藝文志堪輿金匱入之五行宮
宅地形人之形法實爲後世言理氣形勝之祖班氏之言
形與氣相首尾亦有有其氣而無其形有其形而無其
氣此精微之獨異也嘗以後葬書無以逾此然陰陽五行
之書類次數十家而後無傳者豈其學不逮楊曾之流耶
其時人事勝而假吉凶爲小數世猶不甚貴之自青囊都
天玉尺之書出術家衍而傳之其辭迷離惝悅伏而不宜
而其術或小驗於是倚託坿會爭鳴於時壞大以爲小創

遠以為近而堪輿之書持一說以求勝至繁而不可紀惟

論天地之氣融而為山川結而為土石迨其形既成而氣

之鼓盪其中者相依而不能舍如帷燈然東西南北見之

苟知其燈也而在東者曰是不宜西在西者曰是不宜東

所言皆有見也而紛紜之說以生各守其師說据以為見

則術益析而言益歧吾友姚䐗丞習於其術乃益取諸家

之言所以損益異同指陳其事例而推竟其源流命曰元

合會通元者縱合者橫其說各有所勝扞格不相入而要

之歸本五行故曰五行為主人取諸五行者也䐗丞會而

通之通其所以爲異同者則其相敵也而皆可收之以爲
軌而諸家之言迷離惝悅相與守之爲祕舸丞一爲
之發其覆而抉其藩舸丞得是書行之不言堪輿可也讀
舸丞是書又更以其堪天而輿地者會通是書之中其庶
幾有所得矣乎時同治九年歲次庚午長至日郭嵩燾

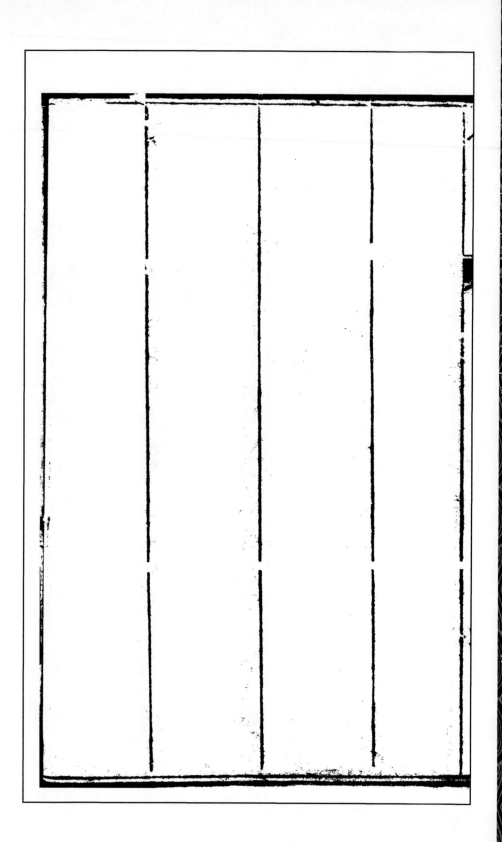
心一堂術數古籍珍本叢刊　堪輿類

六

淳峙之樂智仁共永吾嘗歷閩粵跨秦隴試灝灗淯澗之
雄躋崒崒嶔嵜之險級螺纓濯鑿蛟玉折不際碧環
無旣則欲探天根抉地肺破亭毒竇窔之嶠減山根鬱律
之趣御風行遠襖被何從乃歎蒼鬱之靈難蠱胎息之奧
終秘固智膠而理軋矣姚君明經舸丞劭其經史獨闢經
緯之竅長闊山川遂麗參商之畢鴻脓十秋雅負同志燕
譚一夕復客三山悅招書之不功企考槃之獨睨蓋怡簋
盧之白雲盦感甲帳之春樹已夫泉養源而智瑩桑樂閑
而心遠肺肝鑴其柷胏心胸羅以星宿蒹葭秋水淪伊人

之性風雨西山恬彼美之夢萬物觀靜宗予胞宏掌指坤

與息遍乾運一事之恥不知眾理之收以約名山筆迺馨

桂四流爾室絃歌芳蘭久沁是以泉清在山玉輝韞璞思

雲拙清身月證皓曖空露夕而野霞朝忘瑤琴之言樂徹

瓊簡之理潑風生習習人上義皇日馭遲遲世無漢魏此

樂弗告悅性永年姚君殆庶幾也庚午冬郵寄元合會通

一書丐予弁語牧堂形勢成綺散自餘霞考亭風水泰雲

出而徧雨三才旣貫曲藝亦名百川注而海宗一斑蔚而

虎露姚君豈斤斤持螯也哉惟是藝放佛髯士著仙掌大

雅詢多遠行文愧若其貴紙洛陽律東都十襖之賦覽迷

中土作南指萬里之車琅函可證鐘撞則鳴予何知焉他

日長揖田歸舊締雲山之伴開身筇倚清茹山水之樂鹿

夢不迷鴻飛同遠予之願也姚君亦有意乎軍行倥傯驛

遞恩促因錯落升數言大清同治十年歲次辛未莫春月

上已後一日

欽差大臣統帶甘肅南路各軍翼長廂任福建延建邵兵

備道護理福建巡撫部院兼署布政使司布政使

誥授榮祿大夫　賞戴花翎二品頂戴研愚弟周開錫撰

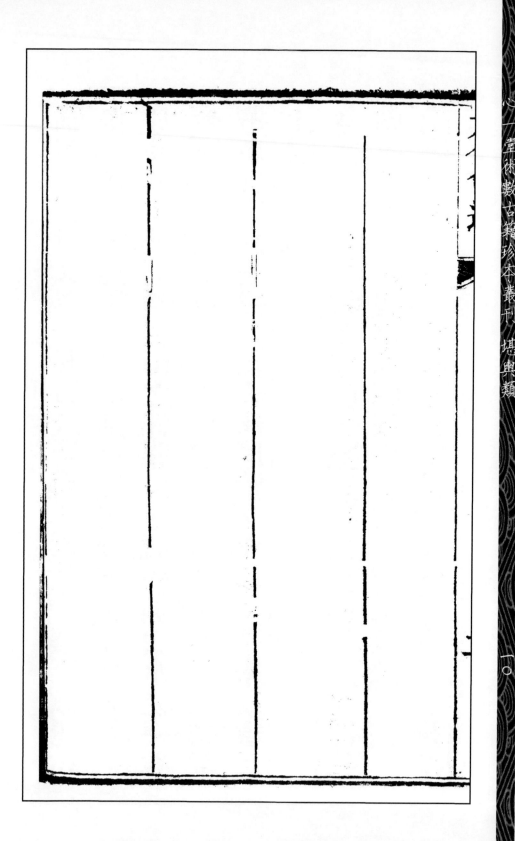

郭宏農謂葬者、乘生氣也。然地無氣以天之氣爲氣、而理
即傅于其中。天下止一理、即止一氣。人得而稟之、而集之、
而豫之遂爲聖賢、爲忠義。而地之凝聚此氣者、於以毓秀
而鍾靈。天地人、本自相通者也。古之習聖學者、無不洞其
間奧。自秦漢以後始流爲陰陽一家言。儒者或鄙而不屑、
然而推究其原。即上律天時、下襲水土之所見端也。第爲
下士所託紛紛橫議、乃成俗術耳。予自幼嗜山水、若有夙
契于其間。童而習之迄今皓首頗得一斑。因見坊間所市

有所謂三合三元者入主出奴莫衷壹是乃不揣固陋發

其蒙破其守逐一分注名曰會通俾學者一見了然得

知三才一理於格致誠正之功未必無小補昔人云即花

葉以求春春不可見舍花葉以求春更杳然是錄也談

理氣者之所會歸也謂地道即在是邢而亦何嘗不在是

三十六宮都是春可于此中求之

同治十年辛未清明日

益陽姚諄敦炳奎識

參訂姓氏

湘陰郭嵩燾志城　華容劉乙燃小山　達摩僧東林

綿竹孫桐生小峯　平江淩漢偉雲陔　上林僧西枝

壽州韓殿甲賡颺　永順姜順昌蒲菴　益陽周開銘桂塢

湖北曹澍鐘穎生　劉陽張延觀子湘　譚定澍碧泉

長沙曹杰南岳樵　湘陰任紹昉謨堂　徐維澧碧潭

武陵柳萬春蔭堂　善化歐陽侗松石　胡裴冀珏軒

湘鄉趙煥聯玉班　永順趙伺琦紫崖　周賢杰止湘

長沙宋伺南楚卿

湘陰楊壽嵩毅峯

湘鄉李續燾璞陔

廣順但培壆幼湖　　清泉丁　　驛子開

長沙陳海鵬程初　　湘陰郭家銓衡唐

浙江王家敏若農　　長沙高壽田葆吾

安徽韓殿雪泠泉　　江蘇施在鈺礪鄉

廣西黎承恩輔仁

長沙周瑞麟雨香　　湘潭胡松榮耜仙

　　　　　　　　甯鄉黃禮堂月岩

江西李應春訓鴛竹坡　沅江陳維鼎笛瀾

羅振雲　　　　　　安化姚七沅海濤堂兄

趙斐哲午喬

蔡增澍祥雲

彭嗣基環玼

王德政午欽

熊士源湘藻

楊頓錫少如

羅　眠杜舫

周一儀祿仙

段典杜澈玉喬

任文淮王喬

姚榮發迁程

姚德豐劬宣

姚禮權興甫

黃禮運覺鑾

姚文塑墨林

姚炳純品軒

第三層洛書

第四層二十四位

第五層穿山七十二

第六層正鍼內分金

第七層天星

第八層九星

第九層十二次舍

第十層太陽躔次

十一層盈縮六十龍

第四層黃泉

第五層九星

第六層正鍼二十四位

第七層節氣

第十層中鍼二十四位

十一層天星

十二層平分六十龍

十三層縫鍼二十四位

十四層縫鍼外分金

三元指迷賦

雜卦水斷

先天八卦斷

易卦取象歌

同治新歷量天尺過宮度數

范名廷二十八劃歌訣

砂法公位

水法公位

放水公位

自古言堪輿者三家巒頭曰形家選擇曰日家理氣曰法

家巒頭主體山岡水洋平陽千變萬狀該以龍穴砂水選

擇輔理氣之用而理氣尤形勝之指南益氣與形相表裏

有地形即有地氣形徵於賓氣運於虛實者迹象可憑虛

者幽渺鮮據認形易真認氣難的此理氣諸書所以爭持

其勝也吾讀河洛精蘊而知三盤鍼路至理貫輸精而且

奧讀地理辨正疏而知三元運命一氣流行廣而且大驚

欲輯為一書覺地學之迷津以無暇屠攜思即望洋而返

益陽姚君舸丞所著元合會通發明理氣之義三元三合

埃星輔星皆能窮其源流證其同異適合鄙見以是書為
準繩則言巒頭者庶知形氣之統貫言埋氣者庶知本原
之指歸而不至牽強執見臆斷憑私矣方今行術之士抄
本盈筐秘訣滿口攻擊互黨各持一是其虜淺者語俚詞
陋詖技取巧識者每非笑而深鄙之其覗為緘默自炫神
奇者則惝怳其辭支離其說以高深文驕吝其蔽也詐而
誇而遵為地師者實受害于不覺以先人之遺骸聽此輩
之愚弄此輩不足責也奈何為人子者皆執迷不悟也得
是書讀之知配龍乘氣納水消砂而黏穴立向有不可移

之正軌其有功於世道非淺也更准之以巒頭兼之以選

擇斯誠集地學之大成矣亦何莫非上律天時下襲水土

之徵義哉同治十年歲次辛未冬十月初吉新化鄒湘偶

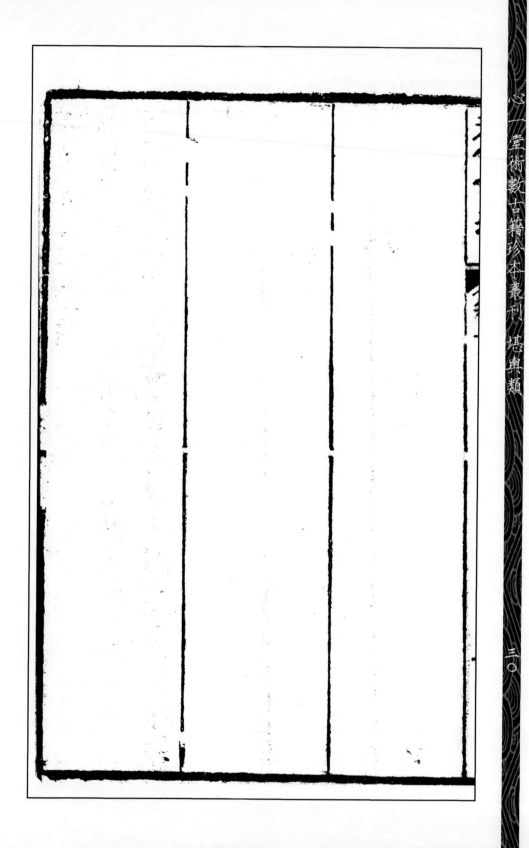

例言

一地學首重巒頭形勢不確。三合三元俱無益也第巒頭

難在點穴張伯雲謂十年知尋龍二十年始識點穴洵

知言也予自幼喜讀形勢書及壯猶憒然于穴之所在

乃舉先輩理氣諸書晝夜尋繹始有所照蓋格龍乘氣

納水消砂皆點穴之妙用要在學者于巒頭上領取其

微意耳拘理氣以求巒頭不可強巒頭以合理氣尤不

可洞悉其微自然相通而相證也

一理氣一門紛紛其說不止三合三元兩者而已但近日

所用有賴盤蔣盤二種分門別戶賴盤不第三合而以
三合盤目之蔣盤不第三元而以三元盤目之泛言理
氣學者無所取證不易分明況理氣出賴盤蔣盤外者
卽不足用予故將兩盤逐層分注而曲申其義言簡而
該一見能解但予只著明正理不效術家之聾斥各家
之非以伸亡之是學者取各書互觀之可也
一三元之說本于洛書古來言氣數者皆主之如孟子五
百年必有王者興而所以五百之故則卽三元之義也
蓋氣數出于洛書大小運大運分三元每甲子行．宮

每宮主六十年故六九五百四十年而天運一大轉小
運亦分三元每元一甲子每二甲行一宮每宮主二十
年故二九一百八十年而天運一小轉昔人所謂陽九
百六之厄是也前漢劉歆曰八卦九章相爲表裏張衡
曰聖人重之以卜筮雜之以九宮皆言三元之義邵子
元會運世之學亦本此而推廣之耳迨元季無著大士
著紫白賦明幕講禪師傳玉鏡正經由是三元之學盛
行于時蔣公踵而行之于平洋陽宅爲尤宜故所著歸
厚錄葉氏亦收入地理大成內有以也

一三合之說始于漢淮南子云。木生于亥。壯于卯死于未。

三辰皆木也。火生于寅。壯于午死于戌。三辰皆火也。土

生于午。壯于戌死于寅。三辰皆土也。金生于巳。壯于酉。

死于丑。三辰皆金也。水生于申。壯于子死于辰。三辰皆

水也。故五勝生一、壯五、終九。五九四十五。故神四十五

日而一徙。以三應五。故八徙而歲終。今其書圖在也。不

始于楊筠松。楊益特用其法于水作縫鍼以收之耳。學

三元者託之。調爲嘉隆以下人所僞託。亦拘墟之見也。

一理氣諸書。重複穿鑿。辟公一洗而空之。如朱子註鄭衞

諸悉去註疏家說不無廓清之功然註疏之精確者固
自在也而注蔣公書者更有甚焉以此一桶水注彼一
桶了無意味令人生厭學者勿取而八月焉可也
一理氣備于羅經止正鍼盈縮穿山分經四者爲要得其
義更知葬地即所以葬天足與郭氏葬者乘生氣之意
相發明大有神益于巒頭不必拘牽于三合三元及諸
書之紛紛不已也亏之爲是錄也將以省學者之精神
使從事于形勢得吉穴以安其父母而又不至于吉地
葬凶爲仁八孝子之一助也云爾

一、理氣之用。專主立向。羅經爲立向計也。故作龍氣砂水
四篇。列于羅經分注之後。詳言用法。使閱者先明其理。
即得其用。而卦氣及各家之說。有神實用。而經驗者亦
爲剖析列于其末。舉三合三元而一之。合其得入卷

一、理氣所以輔巒頭。人或畏其書多紛雜不可曉乎。嘗謂
巒頭如圍棋。易學而難精。理氣如象棋。難學而易精。嘗
見有習巒頭數十年。按其所扞無一合法而有驗者。蓋
徒知重龍重局。而乘氣不淸。斯穴法不確。故終其身無
所得也。須取是錄。細意求之。當知巒頭理氣會通之妙。

至是錄中所不載者皆理氣中之爪牙耳于斯道無當
也若俗師所謂祕訣實求之皆無訣也所謂古本實按
之皆無本也古今來凡不可切實明白告人者皆無用
之學于此中受誥十餘年所得鈔本益鈔鈔從亂人心
目今皆會而通之所錄者至簡所該者至繁勿以爲少
而不措意也予更有山法平洋會通錄十二卷識者可
取而互證焉

一地理辨正一書今術家奉爲祕實其中有言三合者有
言三元者有言巒頭者今槪以三元註之不無牽强蒙

混火失廬山真面目予曾著有地理辨正正解于青囊

多主三合于天玉多主三元于都天寶照參主辨驗行

當出以就正有道

近日習氣多尚三元謂其水法之靈驗最著搜敦也不

知三元水法原從司馬頭陀水法而出司馬公云乾山

巽水出朝官來水去水總一般若教已辰來去見男孤

女寡出貧寒蔣公祖之謂水之來去在天元宜立天元

向水之來去在地元八元宜立地元人元向司馬公所

言是三合衰向水法蔣公謂爲三元水法名雖異而實

則同也又司馬公祿馬御街格以坤申庚爲陽金酉辛
戌爲陰金蔣公祖之乃立新盤將老盤所謂陰陽悉行
改換謂陰不是陰陽不是陽令學者莫名其妙司馬公
原習三合蔣公所言三元悉本司馬可見三元三合本
自相通人自不察耳予之是錄先分發兩家之秘玆乃
會通其用欲作者因流溯源爲有本有原之學母徒守
俗師之陋說以自誤而誤人也或謂怕遭天譴予嘗謂
司馬頭陀鉗地錄云天地無私心矕矕佳城孝子慈孫
隨處取神仙有慧眼芒芒遺跡狀元宰輔此中來大道

為公。維皇福善亦視其用心何如耳吾不懼也。

重刻元合會通卷之一

益陽歲貢生姚炳奎著

受業庠生沈葆鑾校

男明亮孫振鸞同校

理氣必本羅經說

地之爲學也有三。曰巒頭。曰理氣。曰選擇。巒頭主龍選擇
主山。理氣主向。而皆取證于羅經古聖之制作與古名師
之薪傳。固未可輕議者。于少習形家言。每謂巒頭有據。理
氣無憑。而又疑先賢之殊爲多事也。既而博覽羣書歷訪

名墓間遇賢師益友提撕幾費揣摩乃有所得而後知理

氣之有禪于巒頭者大矣蓋不驗諸理氣無以探天地八

一本同原之奧眼孔愈放心境愈粗其所謂巒頭者必不

精而密如沈六圃先生可鑒也古之精是道者所著鉗課

歷數百載不差毫髮豈有他哉合巒頭理氣會而通之而

已第書目太繁爲類太廣驟求者難夷諸一是于乃擇精

取要舉所必用之端分注于羅盤之下藉羅盤以言理氣

非徒作羅經解也泛求之而鮮據曷若實言之而無憑者

苟有患拙心者諮必切是則于之拙也

元合會通說

易之為道也先天主對待後天主流行是二者足以盡天
地之精蘊而無遺者也堪輿家窺天地之秘藏以先天為
體後天為用合對待流行而一以貫之而其術始神三合
者對待之義三元者流行之機實相成非相背也大聖人
下襲水土因其一定之理辟如天地之持載覆幬横言之
也三合家主之上律天時法其自然之運辟如四時之錯
行代明直言之也三元家主之方輿之橫列也東木西金
南火北水震巽木生離火離火生坤土坤土生乾兌金乾

兌金生坎水○坎水復藉艮土以生木入卦方位五行順序○
固燦然在目者○則木生亥旺卯墓未火生寅旺午墓戌金
生巳旺酉墓丑水生申旺子墓辰實一定之理淮南子尊
發明之而郭璞葬經謂派於未盛朝於大旺流於囚謝郎
其義也而五行之生各有陽有陰陽死則陰生陰死則陽
生陽木為甲陰木為乙卯○乙木郎生午而
死亥生亥者為亥卯未局生午者為午寅戌局木爍而火
傳也陽火為丙陰火為丁丙火生寅而死酉丁火郎生酉
而死寅○生寅者為寅午戌局生酉者為酉巳丑局火地而

金成也、陽金爲庚陰金爲辛庚金生巳而死子辛金又生
子而死巳巳者爲巳酉丑局生子者爲子申辰局金融
而水化也陽水爲壬陰水爲癸壬水生申而死卯癸水卽
生卯而死申生申者爲申子辰局生卯者爲卯亥未局水
凝而木盛也故天下之物無巨細無有孤陰孤陽而獨立
陽氣也必有水自午而戌爲乙木之陰氣者以相配所謂
者而山與水必取其相配對山有自寅而戌者是丙火之
乙丙交而趨戌也山有自子而辰者是辛金之陰氣也必
有水自申而辰爲壬水之陽氣以相配所謂辛壬會而聚

辰也、山有自巳而丑者是庚金之陽氣也、必有水自酉而

丑者爲丁火之陰氣以相配所謂斗牛納庚丁之氣也、山

有自卯而未者是癸水之陰氣也、必有水自亥而未者爲

甲木之陽氣以相配所謂金羊收癸甲之靈也、山陽則水

陰山陰則水陽、山水循環互爲配對、此三合之理一定而

無可疑者楊公本淮南郭璞之說而行之謂之無事水法

若畜之行所無事也、其著效也、捷如影響世所稱楊救貧

者以此也、洛書之象一在北屬坎、二在西南屬坤、三在東

屬震、四在東南屬巽、六在西北屬乾、七在西屬兌、八在東

北屬艮九在南屬離大氣之流行也由一而二而三而四
而五而六而七而八而九猶算今日而至明日算今年而
至明年也直言之也三而分之一二三為上元四六為中
元七八九為下元一卦管二十年一元六十年中元無五
故四六各管二十年三元其一百八十年中而分之一二
三四為東四卦六七八九為西四卦東四卦之山要西四
卦之水西四卦之山要東四卦之水山水循環流行不盡
是天地自然之運無可疑者以此斷墓宅之廢興分毫不
爽故世稱為三元捷徑善斯術者必熟精三合三元之理

朗然於心擇龍真穴的之處融會二者之精以立向予所

著配龍乘氣納水消砂四訣乃合三元三合會而通之者

也知此則頭頭是道不至怳己以怳人若各守一見互相

攻擊其為夏蟲不可語冰者奚異哉噫怳矣

羅盤分注說

羅盤之制始自指南車自唐邱延瀚得異人傳授以後有

正鍼二十四分金百二十穿山七十二盈縮六十其所為

取天地一氣貫輸者理至奧用至精也後賢臻至數十層

重複雜沓不免屋下蓋屋之譏蔣公譜天星之學知賴公

所加中鍼卽所以明盈縮者也知用盈縮而中鍼可以不
用楊公所加縫鍼推本百二分金合子癸皆子之義蔣公
取天玉三卦之說以父母兼子息為言而又以乾亥壬為
陽子癸丑為陰卽寓縫鍼之意也若平分六十龍從穿山
七十二而出昔賢皆讖之若各象所增卦例畫蛇添足徒
亂人心目蔣公剛繁就簡別造一盤亦為簡便至宿度一
層于古度之外漆設今度更為有益第未有通人為之發
明而私心穿鑿者不以意融會前人強為其說以攻先哲
而斯道以廢于乃取蔣公所用原盤繪圖于左逐一具名

于上而按次說其義于後俾學者舉羅盤以相

列眉而因以得其奧至俗師所用盤舉分經穿山盈縮而

悉歸無有問之而全然不知而造葬者奚用此羅盤爲宜

俗師之貽害于人致自遭絕滅者多矣或又新增九星卦

氣數層不知蔣公所謂挨星特借星以言元運以明八卦

只有一卦通之義近有作辨正疏者糊塗蒙罩當亦蔣公

之罪人也見予所治當瞽然夫矣至刻度關煞宿度二層

圖小不能具載僅存其名而後爲之說

一層天池
二層先天
三層洛書
四層正鍼
五層穿山
六層分金

七層天遍
八層疾辰
九層火金
十層太陽
十一層盈縮

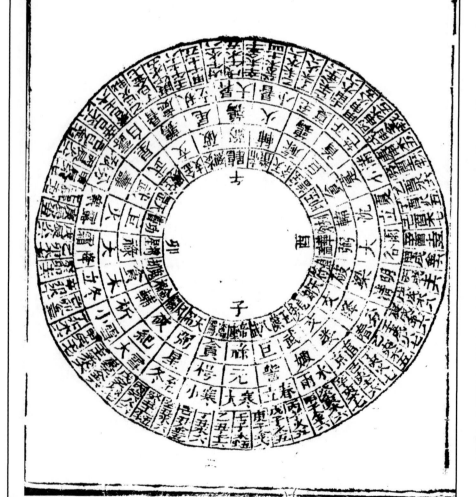

第一層天池

池闊一寸二分象十二月深三分象三十日底用蚌殼磨

光蚌殼土也中畫線路南對張二度七十六分五釐合今

應爲柳六度北偶虛九度危初度之間今爲女五度乃陰

陽之中路子午之正鍼也王趙卿所謂虛危之間鍼路明

南方張度上三乘是也凡定鍼須盤盛五穀天氣晴明在

六陽時用之自然不爽若六陰時及陰暗處子午難正終

必參差或于金井內用鍼金被土埋鍼必無主取出金井

一見暘光子午多不對陰陽必取相配此其驗也

第二層先天卦位

先天卦位乾南坤北天地定位也離東坎西水火不相射也艮西北兌東南山澤通氣也震東北巽西南雷風相搏也乾兌離震為陽巽坎艮坤為陰乾兌為太陽離震為少陰巽坎為少陽艮坤為太陰其原本自河圖地理家以為格龍乘氣之用河圖太陽居一而連九少陰居三而連八少陽居三而連七太陰居四而連六入首氣脈要取先天合後天陰陽相配如一九連而合十二八連而合十三七合後天合十四六連而合十也訣曰先後并用後靜先動先

天順行一離五坤先天倒行一坎五艮法將先天順排作
山乾一兌二離三震四故乾一從離起也巽五坎六艮七
坤八故巽五從坤起也復將先天倒排作龍故乾一從坎
起巽五從艮起也以乾坤艮巽之龍作乾坤艮巽之向坎
離震兌之龍作坎離震兌之向男女老少龍向配合所謂
河圖辨陰陽之交媾者此也但此法須從後龍分脈處定
若專在束咽處求之則迂矣

第三層洛書

洛書戴九履一左三右七二四爲肩六八爲足五居中央

以先天卦位配之坤一巽二離三兌四中五艮六坎七震

八乾九以後天卦位配之坎一坤二震三巽四中五乾六

兌七艮八離九古來陰陽家如後漢書程駟傳仰探遠於

九乾虎睂蒼子巽二起風皆主先天言也近日術家只知以

後天言之法以一二三爲上元四五六爲中元七八九爲

下元大運六十年爲一宮小運二十年爲一宮凡有大幹

結作力大氣厚者當以大運推其興廢每一宮管六十年

一元管一百八十年三元管五百四十年支幛小結一鈎

一搭則以小運斷之每一宮二十年用事二元管六十年

三三元管一百八十年所謂洛書辨甲運之興衰者是也二

元氣運本於河圖而方位不外洛書地居四隅天居四正

也如天一生水為上元首運而向水取於南者北方水必

一生一成相為經緯一陰一陽相為交媾至三元至妙之道

需天九之金以生之一六共宗故乾水即為照神地二生

火為上元二運取艮方地八之木以生之而二七同道故

兌水即為照神天三生木為上元末運取兌方天七之火

以養之而三八為朋故艮水即為照神地四生金為中元

首運取乾地六之水以養之而四九為友故離水即為照

神地六成之爲中元末運取巽地四之金以生之而一六
其宗故坎水即爲照神天七成之爲下元首運取震方水
者需天三之木以生也二七同道故坤水爲照神地八成
之爲下元中運取地二之火以養之三八爲朋故震水爲
照神天九成之爲下元末運取北方天一之水以養之而
四九爲友故東南地四之巽水爲照神總之四生如孩見
之待爻母四養如衰老之伏于孫淺言之爲五行相生之
體深言之即八卦顛倒之用明洛書之義參以先天後天
之卦配以九宮九星之用約以四吉四凶列以上中下三

元斯道之秘旨盡矣、同治三年甲子係大運第一甲子論

地者當看其地之大小厚薄推斷八局之旺衰以卜其歷

年之久暫也

第四層二十四位

二十四位專用正鍼一卦三山分天地人三元天元為父

母人元為順子地元為逆子子午卯酉乾坤艮巽天卦也

父母也甲庚壬丙辰戌丑未地卦也逆子也皆向左行不

與父母同路宜單用所謂江東一卦從來吉八神四個一

也乙辛丁癸寅申巳亥人卦也順子也皆向右行與父母

同路可兼用所謂江東一卦排龍位八神四個二也如坎

卦壬子癸三山子爲天元癸爲人元壬爲地元子癸可以

兼用壬宜獨用其分陰陽也二十四山分東西南北南火

北水東木西金每方各六位而中分之北則乾亥壬爲陽

水子癸丑爲陰水東則艮寅甲爲陽木卯乙辰爲陰木南

則巽巳丙爲陽火午丁未爲陰火西則坤申庚爲陽金酉

辛戌爲陰金一陰一陽一順一逆合成四十八局所謂二

十四山雙雙起也其立向收水也水之來去在天元則宜

立天元向水之來去在地元人元則宜立地元八元向所

謂葬山首邱葬水首流即楊公水來當面是真踪之義又
地支曰正神干維曰零神牧零神之水須立正神之向收
正神之水須立零神之向是青囊陽用陰朝陰用陽應顛
顛倒倒之義

第五層穿山七十二

六十花甲加八干四維之正三分二十四山而成七十二
以應屯十二候楊公寶鑑所謂穿山虎是也其甲子起于
正鍼之壬中應大雪上候之氣與透地龍相表裏透地應
天氣以辨龍穿山應地氣以坐穴故穿山專主坐穴與龍

氣無涉地理取用專避空亡差錯并忌坐穴之納音剋洩

亡命之納音其法當八干四維之正中空處為大空亡地

支正中處如戊子己丑庚寅辛卯壬辰癸巳甲午乙未丙

申丁酉戊戌己亥十二位為大差錯又名正冲殺坐之皆

中曰小差錯坐之主貧敗訣曰八干四維中大空大差錯

主敗絕七十二位之縫中曰小空亡正鍼二十四位之縫

在地支中七二縫中三八縫小空小錯坐皆凶廳公所謂

三七者言此層甲子在壬本位得壬三分零右邊加三分

仍是壬左邊加三分是子故甲子穿山為七壬三子丙子

在子本位得子三分零左邊加三分仍是子右邊加三分
是壬故丙子為七子三壬戌子正當子中為正子庚子則
七子三癸壬子則七癸三壬三子是將二十四山每山作十分
折算惟三七位方可坐穴如壬山止可坐癸亥甲子丁
止可坐丙子庚子也昔人又以穿山所坐甲子所得之卦
謂之本卦遁其子父才官三奇四吉祿馬貴人收四吉之
山發三奇之水其貴祿財官之方得尖圓高聳之峰者富
貴如坐穴與山川不合則當易一穿山以收之似屬破碎
可以不必

第六層正鍼內分金

百二十分金者、正鍼二十四山、每山各列五位、其得百二

十位也、與正鍼穿山透地四層及雙山洪範小元空三家

五行皆出于邱延瀚而發明于楊筠松誠屬神物非凡人

所能臆測也、古有素書以明透地寶鏡以明穿山瀛海以

明分金三者係盤鍼之正宗吉凶之樞紐在所必用缺一

不可、其餘皆輔此三者也、透地從天極之子午穿山從浮

鍼之子午分金、從日影之子午、故分金從地支出不列于

一支而兼前支一半、如子癸二宮、其列十子而癸前一半

屬丑亦列之以子也古人立臬測日影以正南北其最長

最短之影較浮鍼罨偏丁半位則分金之十子支俱在子支

之內並不犯丑也楊賴二公加二縫鍼不過指明透地分

金兩盤之原由使人易知耳此盤作用取丙丁庚辛之旺

相避戊己之龜甲壬癸甲乙之孤虛其納音不得剋泄透

魁之納音蓋丙庚納于艮震丁辛納于兌巽四卦各除中

爻為卦體上下二爻陰陽交媾為陰陽沖和爻四少易于

生育主發福速故曰旺相甲乙戊己壬癸納于乾坤坎離

乾坤為二老孤虛無配不能生育故曰孤虛坎離除中爻

為體亦純一不交如鼉甲之堅氣不可入故曰鼉用空也

賴公于丙庚丁辛分金則書之于甲壬乙癸戊己則空其

位甚屬簡明賴公又以本金納音之生旺定分金之美惡

如丙子水分在子宮為旺地曰吉甲子金分在子宮為死

地曰凶亦可參用賴公所謂二八者言此層每一山作十

分一山五金每金得二分如甲子在子得子二分左邊加

四分仍是子右邊加四分是壬故甲子六子四壬丙子得

子二分左邊加四分是子右邊加四分得二分子二分壬

故丙子八子二壬戊子正子庚子八子二癸壬子六子四

癸四六金偏薄犯孤虛正位犯空亡差錯分金惟二八可

坐也又龍脈從此分金透入忌用此分金為坐向犯之氣

冲媵散為雙金煞秘鑯云分金二云者謂分別五行之氣如

窮關金銀不復粘合也素書云分金若可借用又憑分金

何哉時師好兼左三分右三分謂用陽借陰用陰借陽用

天干借地支用地支借天干多犯分切不清之書

第七層天星

賴盤天星本賴公催官篇此本天玉經而設也天玉經云

坎離水火中天過龍堰移帝座寶蓋鳳閣四維朝寶殿登

龍樓罡刼弔煞休犯著四墓多銷鑠金枝玉葉四孟裝金

箱玉印藏帝釋一神定州府紫微同八武更有一星佐尊

貴坤是金神位按子爲帝佐午爲龍墀卯爲將星酉爲華

蓋爲太陰寅爲金箱申爲玉印爲天財巳爲金枝亥爲玉

葉爲紫微辰爲天罡戌爲天刼爲地煞丑爲天平未爲天

煞乾爲龍樓爲太陽坤爲寶蓋爲佐尊艮爲鳳閣爲六曜

巽爲寶照爲紫炁甲爲鬼刼庚爲刼煞丙爲炎釋子爲六

武爲八武爲咸池乙爲功曹辛爲直符丁爲帝輦爲帝勅

癸爲鸞鴛凡吉星之位峰巒聳起秀水特朝合龍向之生

時則主大富貴、

第八層九星、

坤壬乙巨門從頭出艮丙辛位位是破軍巽辰亥盡武
曲位甲癸申貪狼一路行子未卯三位祿存倒畏庚丁顛
倒作輔星午酉丑右弼輪到九戌乾巳亥曲吉連四

第九層十二次令

析木本居寅火卯壽星辰三鶉巳午未實沈位居申梁酉
驛莫戌娵訾亥上陳子�丑星紀逆向掌中輪

第十層太陽躔次

太陽立春到壬雨水過亥驚蟄到乾春分過戌清明到辛

穀雨過酉立夏到庚小滿過申芒種到坤夏至過未小暑

到丁大暑過午立秋到丙處暑入巳白露到巽秋分過辰

寒露到乙霜降過卯立冬到甲小雪過寅大雪到艮冬至

過丑小寒到癸大寒過子。按太陽即月將在亥卯二宮一

日行一度六十分每一時行五分在戌辰二宮每一

日行五十九分酉巳二宮每一日行五十八分申未年二

宮每一日行五十七分寅丑子三宮每一日行一度一分

其出沒之所在正九出入乙庚方二八出卯入酉場三七

發甲入辛地、四六生寅入戌藏五月出艮歸乾上仲冬出
巽沒坤方、准有十與十二月出辰入申餘細詳太陽前後
光照十五度、須查臺歷某月月時刻到所作山向方度所
謂歷數太陽也、楊公造命歌云、六個太陽三個影中間歷
數第一親、六個太陽調守夾照拱關輔也、在山曰守夾曰
蓋夾山方夾命宮曰夾、在向隔六宮一百八十度曰對照、
曰沖照在三合方隔四宮一百二十度曰拱日釣在四正
二弦方隔三宮九十度曰關在六合方隔二宮六十度曰
輔迎其將來、曰臨三個緊乃守夾拱之於山也凡日月拱

小夾山以無凶星雜其中為妙諏吉彙纂調六個太陽昇

元都纂為鬼雷霆都天寶照四利二三元也非是

十二層盈縮六十龍

天機素書云盈縮六十即透地龍也上應星氣故名天紀

專士格龍乘氣之用格龍之法在穴星後來龍過峽結咽

處分水脊上定盤鍼看來脈係何花甲緣在某卦為某龍

屬何納音以斷生尅及消納也乘氣之法在穴星上降脈

祐穴處分水脊上定盤鍼看到穴之脈氣是陰是陽以憑

賑放乘接也如得透地辛亥龍係天皇正氣納音屬金若

膝從右來則以左耳乘氣穴宜坐乾向巽乾上要得內分

金之庚戌金穴在壁七壁八土度中使辛亥正氣從左耳

而進也至于行注布氣之溝其線纏富中亦宜合己亥之

壁七壁八及溝頭轉折處亦宜用所該宜分之土度或金

木度皆吉而土金木度中又不犯關煞空亡差鐺方為全

吉若用火度則剋龍癸丑景鸞扦嶽州府基記云卯龍丙

向甲門開五百年間產大財走了紫陽山下水乙庚之歲

損嬰孩基係透地癸卯龍過峽癸卯隸震故曰卯龍癸卯

納音屬金金生在巳水去紫陽山下係巽巳方流破長生

故於乙庚化金之年。有損嬰孩之應。又遂安縣余鶴宣扞
一太陽金星穴庚酉落脈立戌山甲向碑文云離龍甲向
因追步後龍及數里過峽處格之真離也。又如賴公飛布
地記云。百里天皇世所稀廖公沐英祖地云神后行龍來
百里三度失其躔皆于峽上用透地柞龍也。盈縮六十周
佈剗度五行之上雖七十二龍之干維空處皆得六甲管
攝不虛其位。故曰泙天剗度所管之界限有盈有縮泙天
上應天道盈縮之變。故宮位亦與剗度同閣狹此法分自
三元經其甲子起于正鍼之亥末進壬前三度三度即三

三氣之時也在穽山辛亥之下乃壬祿之鄉甲木生氣

之府壬為甲父亥為甲胎故甲子不生于子而生于亥卽

先賢積三十而後起冬至之意也冬至節前是大雪乃陰

氣之終夏至節前是芒種乃陽氣之終此陰陽交接之會

也然有節氣至而天氣未至者或天氣至而節氣未至者

因氣喉之有盈縮故月孚之有大小也所以盈縮宮位亦

如剗度焉

第十二層剗度五行　鑵

盈縮六十龍之下周佈六十一位五行金十二木十三水

十二火十二土十二每位各分管列宿之度數為劑度五

行其五行不與花甲納音所屬相同或從天干或從地支

或從納音或取天干所化或取地支所藏其宮位之闊狹

應天氣之盈縮也五行之錯雜法天道之錯綜也瀛海經

云劑度五行與坐穴穿山之納音相為體用坐度為主坐

穴為賓度生穴為泄穴生度為恩度剋穴為財穴剋度為

殺比和為得宜如丙子水穴坐火度為殺戊子火穴坐水

度為財之類又坐度剋來水之度吉來水之度剋坐度凶

山剋穴者人多發福穴剋山者其家少祿穴而剋水財源

積鬱水而剋剋必遭蔡毒又按盈縮甲子金龍帶坎卦管

室宿五六七八九十其六度屬金從納音也丙子水龍帶

困卦管危十六室一二三四其五度屬火取地支所藏

火龍帶師卦管危十一至十五其五度屬金從天干也戊子

也庚子土龍帶解卦管危五至十六度屬金從天干也

壬子木龍帶解卦管虛九少危一六至四其五度屬木從納

音也乙丑金龍帶溪卦管虛三至八其六度屬土取地支

所藏也丁丑水龍帶溪卦管女八九十一虛一二其六

度屬水取納音也己丑火龍未濟卦管女三至七其五度屬

金取地支藏金也辛五土龍衝管牛四五六七女一二其

六度屬木取天干化水生木也癸丑木龍貝管斗廿一二

太牛一二三其五度半屬土取地支藏土也丙寅火龍小

過管斗十五度至二十其六度屬水取納音火也戊寅土

龍謙前五度管斗八至十二屬火災二度管斗十二十四

屬木取地支所藏也庚寅木龍旅管艮斗十二至七其六度屬

金取天干金也壬寅金龍旅管箕十八七八九半至斗一共

六度屬水取天干水也甲寅水龍貝管尾十七八箕一至

五其七度屬土取天干化土也丁卯火龍死亡管尾十一

至十六其六度屬木取地支藏木也己卯火龍頤管尾八

九十其三度屬金取天干生金也辛卯木龍隨管心四五

六尾一至尾七其十度屬水取天干生水也癸卯金龍震

管房四五六心一二三其六度屬土取天干化生也乙卯

水龍屯管氐十三四五六少房一二三其七度屬木取天

干木也戊辰木龍噬嗑管氐七至十二其六度屬火取天

干化火也庚辰金龍震管氐二至六其五度屬水取地支

藏水也壬辰水龍復管九五至九 太氐一其七度屬土取

地支藏土也甲辰火龍巽管角十一二三太六九一至四其

七度屬木取天干木也兩辰土龍

屬火取天干火也己巳木龍鼎管升管畜五至十其十六度

三四其七庚屬金取地支藏金也辛巳金龍大過管升十七十八太升一二

一至十六其六度屬木取天干化生也癸巳水龍巽管升

五至十其六度屬土取地支藏土也乙巳火龍恒管升十

八十九廿少升一二三四其七度半屬火取納音火也丁

巳土龍蠱管升十一至十七其七度屬金取地支藏金也

庚午土龍豐管升六七八九十其五度屬水取天干生水

也壬午木龍家人管張十八太升一二三四五其六度屬

土取地支藏土也甲午金龍離管張十三至十七其五度

屬木取天干木也丙午水龍明夷管張七至十二其六度

屬火取天干火也戊午火龍既濟管張二至六其五度屬

水取元空金生水也辛未土龍革管柳十三半星一至六

太張一共十度屬金取天干金也癸未木龍離管柳九至

十二其四度屬土取地支藏土也乙未金龍革管柳三至

八其六度屬水取納音金生水也丁未水龍豫管井廿八

九三十少鬼一二少柳一二其八度屬火取天干火也己

未火龍晉管井二十二至廿七其六度屬金取天干生金

也○壬申金龍觀管井十六至廿一其六度○屬木取天干生

木也○甲申水龍坤管井十一至十五其五度○屬火取天干

生火也○丙申火龍否管井六至十其五度○屬水取天干化

水也戊申土龍萃管參八九太井一二三四五其七度半屬

屬金取天干生金也庚申木龍坤管參三至七其五度○屬

未取納音木也癸酉金龍兌管畢十三至十六太觜半參

一二其六度半屬土取天干化生也乙酉水龍歸妹管畢

七至十二其六度半屬水取納音水也丁酉火龍中孚管畢

二至六其五度○屬火取納音火也己酉土龍歸妹管昴六

至十一畢一○其七度屬水取地支藏辛金化生水也辛酉

木龍履管畢十五少昴一至五其六度半屬土取地支三

合丑土也甲戌火龍兌管畢九至十四其五○其五度屬金取天

干化生也丙戌土龍履管畢四至八○其五度屬土取納音

土也戌戌木龍履管婁九至十二太昴一二三○其七度屬

水取地支藏金生水也庚戌金龍大有管婁三至八○其六

度屬金取納音金也壬戌水龍需管奎十五至十八○婁一

二其六度屬火取地支藏火也乙亥火龍大有管奎九至

十四○其五度屬木取天干木也丁亥土龍大壯管奎二至

八其七度屬火取天干火也己亥木龍共管壁六至九太

奎一其六度太屬土取天干土也辛亥金龍泰管壁一至

五室十七十八少其七度少屬水取地支藏水也癸亥水

龍乾管室十一至十六其六度屬木取天干生木也其內

卦作用與穿山同

　第十三層宿度

黃道三百六十五度四分度之一每度作百分太度七十

五分少度二十五分其成三百六十五度二

十五分二十八宿羅列于周天是為天經按周天一百零

七萬一千里徑三十五萬七千里每一分金入八千九百餘

里一度二千九百餘里故立向毫釐之差必致千里之謬

古有統天開禧會天授時四歷賴盤所載係南宋甯宗開

禧歷度數與今七政臺歷不待坐穴撥砂選擇當遵今歷

始准四歷各載太陽過宮度數分抄不同如太陽過于宮

統天載女二度九十五分九抄開禧載九十二分九十三

抄會天載九十二分八抄授時載九十六分三十八抄四

歷分抄多寡雖殊過宮女二則一也堯時冬至日在子中

虛六度至秦莊襄元年計一千零廿八年冬至日在斗廿

二度○故月令與堯典中星不合又一千二百九十二年至

宋仁宗慶歷甲申年冬至日在斗五度至明萬歷時日在

箕二度上距堯時四千一百餘年計差五十度有奇其二

萬九千二百年差三百六十五度零天與地合矣歲差論

云天與七政皆繞地左旋而曆家以七政為右旋說雖殊

而實一也○（自北而東、而南、而西、而北、而東、而西、而南、而北、按尚書蔡傳天體

至圓周圍三百六十五度四分度之一繞地左旋常一日

一週天而過一度○日麗天而少遲一日亦繞地一週而在

天為不及一度○積三百六十五日有奇而與天會如于正

初刻以壺漏定之中地。太陽躔丑宮初度翻帥鯉之度起於地底

北方之正中子點上升而東行迫明日于正初刻太陽又

起地底北方之正中子點而天已過丑宮初度偏東一度

而太陽所起之子點已為丑宮一度天仍與太陽同升太

陽于天為不及一度積三百六十五日有奇則全差三百

六十五度四分度之一而復于丑宮初度之原點而與天

會愍家以退為進握算之捷法也太陰及五星皆然故中

法所謂歲差者謂太陽之行歲歲漸差而東而西洋算法

謂列宿之行歲歲漸移而西中法謂恆星不動故以列宿

天分宮為天體謂角六在辰氐房心在卯尾箕在寅斗牛

在丑女虛危在子室壁在亥奎婁在戌胃昴畢在酉觜參

在申井鬼在未柳星張在午翌軫在巳日躔則堯甲子冬

至日在虛六度至今冬、至日躔入寅之箕太陽東旋大暑

如此先儒謂天度三百六十五度四分度之二而百餘日

數三百六十五日四分日之一而不足天度常平運而餘

日躔常內轉而縮如今年冬、至日躔箕、一度之第十分次

年冬、至日躔比天差一周仍會天于箕一度之第十分却

因日數少于天度尚在箕一度第九分若干秒約七十餘

年而差一度西法謂日躔每遇冬至必復丑宮初度之原

點列宿卻歲歲西行蓋西土用大儀器密測晉天諸星經

緯俱歲有移度則列宿天亦如七政之浮動于太虛未可

據以分宮故推本于最上一層之宗動天而以宗動天爲

天體以宗動天分宮其法有九重天之說九重天者月輪

天最卑而在下其上爲水星天又上爲金星天又上爲日

輪天又上爲火星天又上爲木星天又上爲土星天又上

爲列宿天又上爲宗動天卑者行遲高者行速至宗動天

而樞速諸天之會于宗動也　行愈遲則會愈速行愈速則

會愈遲日輪天之行遲于宗動天並遲于列宿天故每日

後宗動天一度次年冬至較上年冬至比宗動天差一週

復于丑宮初度之原點而與宗動天會列宿天之行遲于

宗動天而速于日輪天者也故須二萬五千四百一十年

有奇纔比宗動天差一週復于丑宮初度之原點而與宗

動天會次年冬至僅比上年冬至丑宮初度之原點西行

五十一秒故星躔漸移而西焉二說以西法為勝何者書

言日月之行則有冬有夏若如中法所言果係太陽之差

而東則堯時冬至日躔子中今易而躔寅再由邜而辰而

巳將時序之寒暑晝夜之永短互異矣可乎　國朝數理

精蘊書獨取西人之說誠定為萬世法談布衣丁戊據邵

康節冬至子半之言謂冬至日躔當極定子子中不當板

定于丑中不知子半之說可以論月建不可以論日躔必

以冬至為子半之說則酉中豈春分之期上古十一月冬

至歷元初起時日躔丑宮之斗度故以丑為星紀之次迨

堯時冬至日躔子之虛蓋巳東旋一周矣先儒又謂歲差

之法古未曾有始自東晉虞喜不知四仲中星堯典巳備

詳具說迨經秦火巳失其傳至晉姜岌首以夜半子時升

于午點之星對沖以來而太陽之眞躔始得由今以論術

數星與宮當分別觀之分野之法論星不論宮觀左傳參

爲晉星可見故尾箕爲燕分斗牛爲吳分不因箕過入丑

而箕遂爲吳分也六壬家宮竒法繫乎宮者也宜從平其

舊堪輿家撥砂法亦繫乎星者也宜從平其新會而通之

庶幾有准耳

第十四層度數關煞

書曰忌陰陽差錯之位避五行關煞之宮訣曰金關木礙

傷木關土瘟廣土關水瘟疫水關火少亡火關㷊欠殊干

頭關煞猶寬緩支冲關煞禍難當差錯空上一位敗紀十二

宮中仔細詳凡六十一位劃度五行之分界交遞處為關

遇五行相剋者為煞相生比和者謂之有關無煞陰陽中

半不純者謂之陰錯陽差正針八千四維正中一度曰大

空亡穿山縫中一度曰小空亡地支中一度曰大差錯二

十四山縫鍼一度曰陰陽差錯其四十八度為天機四十

八殺五行關煞之宮七十四度凶星反吟伏吟五行剋戰

之地五十八度協吉者一百八十度而已賴公為立簡捷

易曉之法于姜錯之度則記一乂于空亡度則記一乂于

關煞間則記一殺于全吉者則記一圈于吉凶相半者則
空其位〇令人一見了然又亢金在辰婁金在戌牛金在丑
鬼金在未乘氣分金前人必避此四宿度今光緒丙戌婁
歷四金度不在辰戌丑未而茬乙辛丁癸牛金七度四十
分始于子之四度終于子十一度亢金十度三十六分始
于卯之四度終于卯之十四度鬼金四度三十四分始于
午之六度終于午之九度婁金十二度五十七分始于酉
之四度終于酉之十六度須依新度斟酌用之若關煞從
透地刻度五行上起今昔無殊賴公舊法可仍遵也

益陽歲貢生姚炳奎箸

族弟廩貢生希舜參

男明亮孫振鸞同校

賴盤分注說

宋賴太素深明天學者也所著催官篇發明氣脈之義細

如毫髮最足禪形勢家點穴之妙用千劃段關煞宿度發

前人所未發其祀空亡差錯也誠易知而簡能所製羅盤

集理氣之大成歷數百年而不敢明代董德彰等莫不遵

而用之迄今可考也羅盤是其遺製雖有大小之不同要
以十八層者爲至當間有增至數十層者混雜淆亂反失
廬山眞面目無濟于實用轉足以惑人之聰明而市本所
謂羅經解者數種率皆眞偽互收彼此聚訟不歸畫一誠
足令閱者昏昏欲睡終身習之而莫得端緒宜世之學者
懶于尋繹因而假蔣公三元之說造爲無稽之談圖圖吞
吐大言欺人乃痛詆賴盤之爲不足徵也予乃圖之于左
注之于後刪繁就簡一見創知俾初學易于玩索因以知
先賢正道之不可廢其已見于前卷者闕焉

一層天池
二層後天
三層八卦
四層黃泉
五層九星
六層正鍼
七層盈縮
八層縫山
九層分金

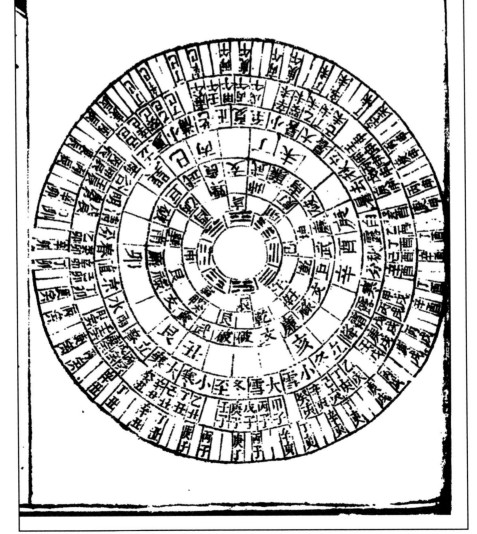

第十層中鍼
十一層天盤
十二層平分
十三層縫鍼
十四層癸金
十五層盈縮

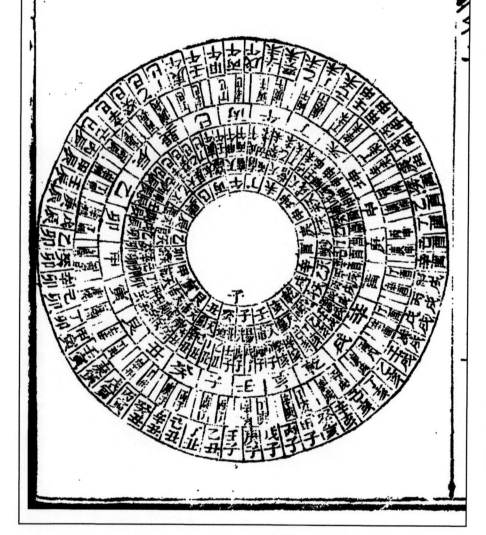

第二層後天八卦

先天止有卦象無方位後天則合八方之定位古人以後
天之方位推先天之理氣者先天是體後天是用故羅經
作用皆從後天以後天卦陰陽中分五行順序故也中分
者東北陽方○列乾坎艮震四男卦西南陰方列巽離坤兌
四女卦順序者震巽木生離火離火生坤土坤土生乾兌
金乾兌金生坎水坎水不能自生木必籍土以生之故水
潤艮土艮土生震巽之木

第三層八殺

訣云坎龍坤兎震山猴巽雞乾馬兊蛇頭艮虎離豬為殺

曜墓宅逢之立便休此八卦官鬼爻也如乾卦四爻午火

為官鬼故乾以午為殺曜坤卦三爻卯本為官鬼故坤以

卯為殺曜之類凡來龍坐山皆忌見此水來若不能避即

當依水立向如乾龍見午水作午向亦可化殺為權若遇

陽殺立陰向陰殺立陽向混雜破局為禍更烈八卦中惟

坎有辰戌二鬼爻是坎殺彙辰戌也

第四層黃泉

訣云庚丁坤上是黃泉乙丙須妨巽水先甲癸向中憂見

艮辛壬水路怕當乾此八干之坐山墓殺也乙丙向坐山

辛壬同墓于辰故巽為黃泉甲癸向坐山庚丁同墓于丑

故艮為黃泉辛壬向坐山乙丙同墓于戌故乾為黃泉庚

丁向坐山甲癸同墓于未故坤為黃泉從向上起寶從坐

山起也傳曰不及黃泉無相見此以墓殺為黃泉取名延

泉雖云惡曜若在生方例難同斷生方者來脈來水之方

是黃泉之方動則生凶忌來水與門路壬尺經云八殺黃

也慈溪葉氏宅龍從坤方來坐癸向丁坤水倒左去辰巽

目講禪師從白虎頭開坤門收來龍進氣大旺三百年科

甲明未改丁向門堂水傾瀉兩進士罷官又撥救貧黄

泉歌云辛入乾宮百萬壮癸歸艮位發文章乙向巽流清

富貴丁坤終是萬斯箱庚向水朝流入坤管教此地出賢

英丙向水朝流入巽兒孫世代爲官定甲向水朝入艮流

興沈亮功調癸乙丁辛向以艮巽坤乾爲沐浴方出水爲

管教此地出公侯壬向水朝流入乾兒孫金榜姓名傳吳

吉甲丙庚壬向以艮巽坤乾爲官祿方來水爲吉不知上

四句堤完竊司馬頭陀順連珠水法言辛向庚水倒右入

乾癸向壬水倒右入艮乙向甲水倒右入巽丁向丙水倒

咨八坤後八句竊司馬頭陀逆連珠水法而更其説逆連
珠訣云甲乙艮兼丙丁巽庚辛坤與壬癸乾此爲順逆連
珠水格合連珠爛了錢言甲向乙水朝倒左入坤壬向丁
水朝倒左去巽庚向辛水朝倒左去艮丙向丁
入乾是青囊經小神入中神人大神法也經云奇貴
逆珠並祿馬三合貪狼貴無價小神流短大神長富貴聲
名滿天下乙辛丁癸是小神甲庚丙壬號中神乾坤艮巽
名大神司馬公發明其義謂水喜去干維忌放地支總以
乙辛丁癸甲庚壬丙立向以乾坤艮巽去水俱係三合生

旺衰向收水法與黃泉無涉誠吉凶繫乎所載黃泉辨甚屬

無見不可遵○

第五層九星

九星從天定卦坤宮對宮起貪狼而出其獨取坤卦者坤
為地也故曰地母卦坤對宮為艮故艮為貪狼次巽為巨
門次乾為祿存次離為文曲次震為廉貞次兑為武曲次
坎為破軍至坤本卦為輔星也用法有二一以察來龍之
吉凶一以取坐山之用以貪巨武為三吉臨艮巽兑三卦三
卦又納丙辛丁合艮巽兑為六秀加震庚為八貴又加巳

丑亥未為十二吉山坤乙龍以坐此十二吉山立陽向為

吉一以驗開穴之土色歌曰九星一盤占土色法從峽上

定來情峽如是輔穴土紫武白廉紅黃巨門如峽上是震

庚亥未脈得紅土卽止巽辛脈見黃土卽止餘倣此

第六層正鍼二十四位

後天八卦排列八方四正輔以八干如甲乙輔震丙丁輔

離庚辛輔兌壬癸輔坎四隅輔以八支如丑寅輔艮辰巳

輔巽未申輔坤戌亥輔乾分列而成二十四位是為地盤

古人用正鍼配龍立向謂之牧山用中鍼向消砂用縫鍼

向納水屬伯韶詩先將子午定山岡再把中鍼來較量更
加三七與二八莫與時師說短長于午言正鍼也其陰陽
本先天卦氣先天方位合洛書九宮卦氣乾南得書之九
坤北得書之一離東得書之三坎西得書之七陽屬奇故
四卦皆陽震東北得書之八兌東南得書之四巽西南得
書之二艮西北得書之六陰屬偶故四卦皆陰干支納于
八卦乾納甲坤納乙離納壬寅戌坎納癸申辰艮納丙巽
納辛震納庚亥未兌納丁巳丑納于陽卦屬陽納于陰卦
屬陰格龍宜陰陽純淨立向則陰龍宜陰向陽龍宜陽向

納水則陰龍陰向宜陰水往來陽龍陽向宜陽水往來但

其中龍與水不能無駁妙用在人惟乘氣立向必不可雜

如乘陰氣立陰向乘陽氣立陽向或陰龍多而入首陽則

當舍陽而立陰向以收陰或陽龍多而入首陰則當舍陰

而立陽向以收陽或局止有陰向又宜乘陰氣以配之止

有陽向則宜乘陽氣以配之

第七層節氣

地盤二十四位上應天時二十四氣如立春生氣臨艮雨

水臨寅驚蟄臨甲春分臨卯清明臨乙穀雨臨辰立夏臨

巽小滿臨巳○芒種臨丙夏至臨午小暑丁大暑未立秋坤

處暑申○白露庚秋分酉寒露辛霜降戌立冬乾小雪亥大

雪壬冬至子小寒癸大寒丑選擇家宜按節推候以驗天

之生氣也○

第十層中鍼二十四位

中鍼二十四山賴太素所設以明盈縮六十龍者也盈縮

甲子起于正鍼之亥未從天極也淺者疑之公作催官篇

發明天星之秘故作此盤蓋天星以天皇大帝一星為主

守此星在勾陳口中紫微帝星正照午位則天皇在乾亥

之間故此盤以亥居乾亥之間以壬居亥壬之間以壬居

壬子之間悉前半位上應天星正判而不偏倚青囊云北

極斜居壬亥之間是也盖天極之子午與浮鍼之子午差

半位而不對浮鍼之子午曰正鍼地也北極之子午曰中

鍼天也其名中鍼者以此盤之子午正指正鍼丙午之中

也中鍼一設而天星之位各得其正而盈縮甲子起于正

鍼亥未者是天極之壬中無可疑矣天體左旋五行順序

故背北面南以言氣則西爲先而東爲後天氣先至地氣

後至地理龍氣爲先尖向爲後故用先至之氣辨龍後至

之氣坐穴分金以符天地之氣此三鍼三盤之用也然此
以氣言無形可見抑知仰觀北極斜居西北測泉而日景
倚于西南中縫兩鍼非憑虛無據而設者蓋有理斯有氣
有氣斯有象也經盤秘妙邱公得之太乙老人有正鍼一
鍼有盈縮穿山分金三盤穿山從正鍼人所知分金子
偏東北午偏西南故楊公加人縫鍼所以明分金之位況
正鍼明用入卦暗藏地支惟加人縫鍼而後地支之用始
著盈縮子偏西北午偏東南故賴公加人中鍼所以明盈
縮之位也三鍼有理有象中最先主天星以辨龍正次之

主八卦陰陽以定向縫又亥之主地支生旺以消納水周

盈縮從天星起甲子于正鍼之亥末五子正當中鍼之子

位中鍼之用也穿山從八卦起子于正鍼之壬中五子正

當正鍼之子位正鍼之用也分金從地支起甲子于正鍼

之子初十子正當縫鍼之子位縫鍼之用也盈縮名天紀

為辨龍之細法穿山名地紀為坐穴之細法分金為立向

之細法麗公所謂再把中鍼來較量者如正鍼亥龍人首

左邊多係中鍼之亥乃天地二盤俱亥大吉若右落多則

係中鍼之壬非天星正氣矣行山小盤不便設盈縮龍當

設此盤代之。羅經會要謂臬所測較浮鍼而偏丙不知臬
影之位偏丁與縫鍼合又各省多不同非中鍼所向也月
直以縫鍼爲天紀正鍼爲地紀杜撰無識不可從

第十一層天星

天星者從青囊天官篇出賴公酤成二十四星以加于盤
者也青囊云天光下臨地德上載精義云地無精氣以星
光爲精氣帳以天星占龍脈貴賤也天星以四垣爲最貴
紫微垣臨亥四輔照壬天市垣臨艮少微垣臨兌旁照庚
太微垣臨丙巳旁照巽此最貴之星也至若天屏在巳號

明堂陰樞映丙名天貴南極臨丁主壽考天乙屈辛司枚
章麥所值庚以宣威騎官當震而主武仙聖每鍾天市宰
輔多出離壬將帥邊臣奔戌戌神壇佛刹占井鬼叉太陽
在午諸凶不敢臨此皆上應星氣而然也賴公催官篇各
山異名如乾為陽璇北極天廐亢陽亥為天皇天門紫微
壬為天輔陰權子為陽光太陰月癸為陰光瑤光北道丑
為天厨金牛民為天市陽樞寅為天檣申為陰璇天苑卯
為陽衡廉貞阿香扶桑天命乙為天官辰為罡元金巽為
陽璇太乙更點巳為天屏青蛇赤蛇丙為陰樞太微天豐

午爲陽樞天廣太陽遊魂曰丁爲南極未爲鬼亢陰天常

羊坤爲陰二元戈元峰天鉞地母申爲天關庚爲天漢酉

爲少微陽闔金雞陽關辛爲陰璇天乙戌爲鼓盆娑魁又

坎爲背一離爲炎精面九四維爲四神丙午丁爲三火巽

丙丁爲三陽八十爲八將辰戌丑未爲四金白虎爲西獸

又走馬六壬辰爲天罡巳爲太乙午爲勝光未爲小吉申

爲傳送西爲從魁戌爲河魁亥爲登明子爲神后丑爲大

吉寅爲功曹卯爲太冲又十二次舍子爲元枵爲寶瓶丑

爲星紀爲磨羯寅爲析木爲曰羊卯爲大火爲天羯辰爲

壽星為天枰巳為鶉尾為金牛午為鶉火為獅子未為鶉

首為巨蠏申為實沈為陰陽酉為大梁為雙女戌為降婁

為人馬亥為娵訾為雙魚先賢鉗記隨便取用

　第十二層平分六十龍

平分六十龍蔡西山朱文公所定用甲丙戊庚壬乙辛丁

丁癸于地支各排五位又名順排六十分金俾選擇者可

以推測某月某節瞰太陽輪臨某山方氣貫平分某龍也

起甲子于中鍼之壬中平分周佈以明氣瞰一日不增多

一日不減少也其下各帶一卦甲子起比丙子剋戊子復

復卦正當子中其序卦之次卽邵子先天六十四卦圓圖

去乾坤坎離四正卦此卦作用專論九六冲和凡坐穴之

卦其外卦得震艮巽兌者曰冲和得乾坤坎離者曰不冲

和如比卦外卦是坎爲不冲和剝卦外卦是艮曰冲和廖

金精云得金不得卦漫自說空話得卦不得金枉自去勞

心金卦兩得方爲全義時師謂此盤甲子較七十二穿山

而不缺較六十透地而整齊較百二十分金而中正以之

格龍曰胎骨不知欠缺不齊天地之奇此盤板死非邱楊

之傳也如天不三百而三百六十五度四分度之一大衍

之數五十其用四十有九可知天地之道非奇零則不神

也邵子曰陽生于子極于午陰生于午極于子在一歲則

冬夏二至而陰陽生在一月則朔望二日而陰陽生在一

日則子午二時而陰陽生又曰在地言時在天言氣因物

以知時因時以驗氣天氣降臨萬物應之而滋生故凡驗

氣晚當知審太陽蓋氣晚有或先或後之不齊必待太陽

交度過宮時驗之乃定也其過宮在地紀八千四維之正

中即七十二穿山之坐位猶太陽驛傳之行宮也正鍼乃

地氣中鍼為天氣從中鍼壬未子初起冬至子未癸初起

小寒癸末丑初起大寒自冬至一陽始生于壬末至丙初

芒種而六陽之氣已極而陰生又從丙末午初起夏至午

末丁初起小暑丁末未初起大暑自夏至一陰始生于丙

未至壬初大雪而六陰之氣已極而陽生正鍼之壬丙乃

中鍼壬子丙午之間陰陽二氣交媾之所中鍼承受來龍

天氣各按七十二睺貫注平分六十龍凡得真龍正宗必

候天時生氣降臨正值龍穴分金坐度中得受二氣交

謂天地合其德擇吉安扦合法則發福響應矣

第十三層縫鍼二十四位

縫鍼二十四山者中分一支而成雙山者也如子支一位
中設壬子二山以干從支二十四山雙雙起于母公孫同
一位也楊公以五行生旺起于正鍼雖有大小元空天星
卦例必竟有兼前跨後之弊故設此盤專爲占水之生旺
墓絕以立向與格龍之星氣貴賤立向之陰陽純駁無涉
山法從寅申巳亥四生位起雙山三合而會一氣如乾亥
同宮甲卯同官丁未同官是亥卯未乾甲丁三合生旺墓
而會成木局艮寅同宮辛戌同官是寅午戌艮丙辛三合
生旺墓而會成火局巽巳同宮庚酉同宮癸丑同宮是巳

酉丑巽庚癸三合生旺墓而會成金局坤申同宮壬子同

宮乙辰同宮是申子辰坤壬乙三合生旺墓而會成水局

惟土無定位旺于四墓而附于水氣也正五行為五行之

質雙山五行乃五行之氣故推向水之生旺用雙山不用

正五行也其子午先正鍼半位者水為天氣天氣先至地

氣後至其書曰形成于地氣行自天地之氣即天之氣然

氣行于天次及于地次及于人如子月一陽生至巳月而

六陽足天氣此時已大熱而地與人未甚也地自丑月一

陽生至午月而六陽足而人未甚也人自寅月一陽生至

未月而六陽足而人始大熱古人云天開于子地闢于丑

人生于寅雖元會運世之說而一歲之中寒煖莫不皆然

可見天地本一氣而漸及有先後耳

第十四層縫鍼外分金

縫鍼百二十分金古以之望雲氣而占豐歉觀星象以卜

災祥及水旱寇賊雨雪蟲荒等事所應何方何年如泰山

斗八度癸卯金會稽斗一度丁丑金武昌軫二度戊辰金

長沙軫十二度壬辰金宋何潛至三特收入用葉九升謂為

分金之細法如正鍼子山庚子分金左一分是縫鍼丙子

分金俱旺相若庚子右一分分金下是縫鍼甲子分金上

旺相而下孤虚則犯小空亡矣

益陽歲貢生姚炳奎籌

壻貢生廖新埈參

男明亮孫振鸞校

立向總說

地理之學巒頭主龍穴選擇主坐山理氣則主向蓋穴埋

於地向朝於空空即天也有定而無定者也山屬民為少

男海屬兌為少女男女之情自相維戀得其向則婚媾成

而一氣相通失其向則讒謗生而兩情睽隔向者山水之

媒妁也○立向之法以配龍乘氣納水消砂爲要○諸囊天玉

諸書詳言水局則三合三元盡之矣○然而龍不眞穴不確

雖砂水合元合運終歸珍滅○即龍眞穴備而脈氣不淸下

竝好山殊屬空設浮梁眞武伬劍形地穴星金水前吐長

舌窮木鍬皮取倚穴葬劍懽亥龍左済入于其石穴發乾

氣明堂案對皆正不發李德鴻揆左乘辛亥正氣扦丙向

發四神童二翠士二侯五侍郎一食邑科弟自宋迄明未

艾樂平王字脈地高金結穴中垂孔旁開兩眉明堂凝聚

巓巖劍印咸備庚脈宜扦卯向但帳頭案不正劉氏扦作

乃思貪案正也廖金精見之嘆云軍山帳中王守龍頭武

大班勢奇雄我做產王扶聖主他做出冠也不終後生漢

泗兄弟八人事陳友諒封萬戶侯不克終受脈乘氣有差

處尺之間俟扇有間賴公首言天星剖析氣脈澀入毫芒

誠足補稽頭家認龍扞穴之所不及立向者斷不可不奉

之為圭臬至配龍消砂納水則宜合蔣盤參而用之庶可

以獲迷竅奚分列四者于後為學者洗眉刷目焉

立向掛線訣

靈城精義云入首入手則龍與脈之由辨分金分經則來

與坐之由分入首者、主星之脈入手者貫穴之脈氣也分

金者百二十甲子分經者三百六十宿度也來者入穴之

脈氣如亥脈入穴當乘丁亥辛亥之旺相避己亥乙亥癸

亥之孤虛此分金之用也坐者坐下之山固宜用分金之

旺相而一金之下又有三度當細辨其度之吉凶須先用

目力搗清穴場則外暈氣眞砂眞水之所在因于後龍結

明睍格定來脈于穴星降脈處格定穴脈以中鍼合正鍼

看其是陰是陽于明堂中用縫鍼格定水局倒左倒右及

立穴場用中鍼格左右前後高砂是何方位逼二盤打算

或立陰向或立陽向總以穴脈爲主砂水炎之乃于金井

後頭過元女尺六尺四寸覆掌脈上下盤面對來脈掛起

氣線氣線既定乃掛坐線坐線可以推移氣線則不可有

義以入首貫穴之氣天生已定不可攻移者也坐線既定

乃掛雜氣線如正鍼艮脈入手得透地庚寅于庚寅上掛

氣線庚寅納音屬木若作庚向則掛穿山甲寅一線以爲

坐線甲寅屬水以生透地庚寅木氣至于氣線坐線交界

之所便爲右耳乘氣之所而寅上氣即爲雜氣遂于寅上

掛雜氣線如有寅氣冲入便當趨避脈急則退下一分以

避寅氣脈緩則進上一分以抵寅氣則艮之眞氣入棺而

無雜矣又如艮脈入手得透地戊寅納音與艮皆屬土坐

下自旺無待補助若得透地丙寅納音屬火火生艮土反

為洩則失之弱宜用分金生養穴若作庚向宜作丙分金

之庚寅木生丙寅火為旺于穿山坐丁卯火于度坐心五

度刻度屬水度尅穴為財又坐度須尅來水之度不令來

水之度尅坐度乃為全吉

配龍立向訣

青囊云陰陽相見福祿永貞陰陽相乘禍咎滅門陰陽相

見者陰龍見陰向陽龍見陽向也陰陽相乘者陰龍陽向

陽龍陰向也先賢更取天星納甲卦氣三合貴人五者淨

陰淨陽陽數奇陰數偶以奇配奇而得偶如一配九而成

十是也以偶配偶而亦得偶如二配六而成八是也天星

者如亥爲天皇立丙向坐四輔而朝太微皆貴秀之氣也

納甲者震庚亥未龍立震庚亥未向爲干卦自配是也配

卦者如震長男巽長女爲正配震庚亥未龍立巽辛向是

也三合者如坤申壬子乙辰龍立坤申壬子乙辰向爲三

方互相配是也十二支龍可直龍直向但穴宜閃歸一邊

不宜頂龍直下向與龍一而龍氣仍從耳入不致氣冲腦

散犯雙金殺也催官篇云立干維向不作三合地支向調

干維氣清地支殺重然地支向力大其蒼綿遠總計二十

四龍推之一龍得數向以為用者取証焉亥龍之向在巽

丙丁而卯巳亥之壬于癸龍之向在坤乙午而申亥之丑

龍之向在巽丙丁而未庚酉亥之艮龍之向在巽丙丁庚

酉辛而未亥之寅龍之向在坤申而午亥之甲龍之向在

乾坤卯龍之向在庚辛而丁亥亥之乙龍之向在乾坤而

申子壬亥之辰龍之向在乾坤而戌壬亥之巽龍之向在

辛亥民而庚亥之巳龍之向在亥而庚酉辛艮亥之丙龍
之向　在辛亥艮午龍之向在壬癸甲丁龍之向在艮亥而
卯酉辛亥之未龍之向在艮亥而丑卯亥之坤龍之向在
壬子癸而乾甲乙寅亥之申龍之向在甲癸而子寅乙亥之
之庚龍之向在卯艮而巽巳丑亥之酉龍之向在艮卯巽
丁辛龍之向在艮卯巽而巳丙亥之戌乾之向在甲乙而
辰亥之此賴公催官篇及諸賢所定也偏堂局不合則取
陰陽純淨而巳若八殺如坎龍辰戌向坤龍卯向震龍申
向巽龍酉向乾龍午向兌龍巳向艮龍寅向午龍亥向此

斷不可者也又九惡向如兌龍巳丙午向卯龍坤申酉向

艮龍午坤向亥龍午向離龍乾向壬子癸龍巳向禍亦不

覓平洋多作倒騎龍穴巽丙午丁庚酉辛卯皆可本龍

向至平洋取龍之法入首高起緊細者以二十四山定龍

平坦而有短浜收爽者則從浜頭弔二十四氣到頭闊大

擬以八局定卦則依八卦立向專用三元之法可也至于

移龍換向旋乾轉坤運用之妙更有在乎一心者

乘氣立向訣

　占穴人于穴中作用不曰乘龍而必曰乘氣者妙哉其言之

也蓋言龍則有定言氣則無定氣猶水也決諸東則東決

諸西則西一龍之上左右挨移氣便不同如西北乾乳入

首從中格之則乾氣也移步過東格之則變爲戌移步過

西格之又變爲多活潑潑地聽人去乘乾便是乾乘戌

便是戌只要乘得他來卽爲貴尖之氣此中妙用實參造

化之權故有截僞乘眞之法如辛龍入首後龍節卽係西

兌陰龍但辛脈歪乳至入手忽右落變戌是辛眞而戌亦

也宜提高點穴上乘眞辛下截僞戌蓋陰爲眞陽爲僞也

有旁僞挨眞之法如辛戌並行入首後龍陰多面前砂水

收于陰向則宜放倒戍氣扶起辛氣乘辛氣入右
山巽向以配辛若後龍陽多面前砂木收于陽向則宜放
倒辛氣扶起戍氣乘戍氣入左耳立辛山乙向能扶起眞
氣則發福悠久有移龍就向之法如寅甲龍入首水法堂
局在正西止有庚酉辛三向可立龍陽向陰必難相配法
當舍去寅甲斜乘卯氣入穴使其純陰不雜也有內外兩
向之法入首龍氣不可移換堂局水向不能配龍乃立內
向以收山立外向以收局如于龍入首右水倒左堂局在
巳不可立午陽向於是欲移龍就向則壬子癸一片陽氣

不可移欲以午向配龍則明堂水城不戌局只得丙立午

向以配龍氣外立巳向以收水局此處兩難之微權也有

脫龍就局之法落脈散渙糢糊欲移龍則認龍不眞欲兩

向而山砂殺曜相過只得舍難就之龍而從有據之局如

于龍入首堂局在巳右水倒左欲立午向則午上尖砂沖

來欲立辰向而辰又為坎之八殺當於本龍之上竟扞巳

向以收堂局亦可宣數十年之利也有移龍換向如

一龍入手可辛可戌面前左水倒右若乘戌而立乙辰向

則龍賤而僅發丁財必乘辛而立卯向乃龍貴而發俊秀

若乘戌而反扦卯向乘辛而反扦乙辰向則發凶禍矣脈

氣又有真行偽落偽行真落之別真行偽落者後龍節節

是陰而到頭一節是陽就陽扦穴而立陰向主初年不發

待剝龍合向而始福謂之借局穴偽行真落者後龍節節

是陽而到頭一節是陰就陰立穴而扦陰向主初年發福

至行到後龍則龍向不合矣謂之速達穴

賴公催官篇乘氣訣

天皇評穴 亥龍

催官第一天輔王穴天皇亥氣從右耳接穴宜挨左微加

乾天皇氣貫穴無泄四神入將俱朝迎紫綬金章在前列

此左落亥龍也若作巳向恐氣冲腦散須面對亥脈將

棺微挨左加乾立丙向則令棺中右耳乘亥氣而乾氣

射入棺外為吉若挨右加壬則乾氣斜入右耳而真偽

雜矣左右二落當妨偽氣射入之病中落易收立二圖

為式　左落之左挨左之左就面對亥脈者言右耳之

右就棺中言　天星以四垣為最貴紫微垣臨亥為中

宮為北極天皇大帝之所。居故賴公評龍穴俱以亥第

一

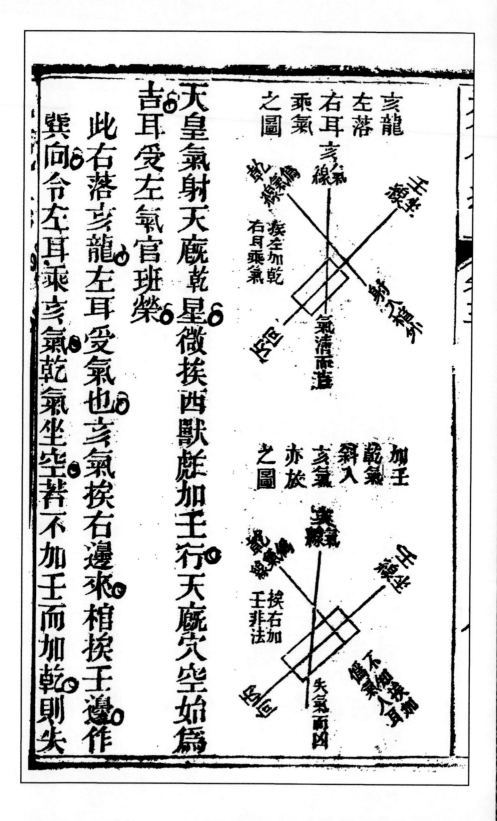

亥龍
左落
右耳亥氣
乘氣
之圖

天皇氣射天廐乾星微挨西獸歷加壬行天廐穴空始爲
吉耳受左氣官班榮

此右落亥龍左耳受氣也亥氣挨右邊來棺挨壬邊作

巽向令左耳乘亥氣乾氣坐空若不加壬而加乾則失

眞氣入僞氣大凶

之圖
乘氣
左耳亥氣
右落
亥龍
壬氣
乾巽線
接右加壬
天廐穴空
左耳乘氣
清而吉

天皇氣冲穴北道

右耳乘氣毋冲腦丁向

天市評穴艮龍

挨左立穴爲樞要稍加乾位細推詳

催官第二穴宜癸天市艮正氣冲左耳穴挨西獸微加寅

亥龍
巽向不加壬亥氣
壬氣少
之圖
乾巽線
癸癸線
乾天廐不空
失氣而凶

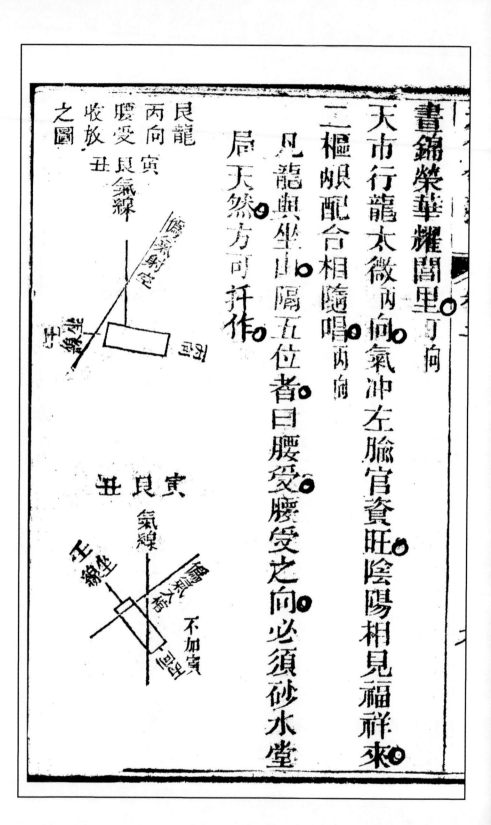

晝錦榮華耀閭里丁向

天市行龍太微丙向氣冲左腋官資旺陰陽相見福祥來

三樞䭾配合相隨唱丙向

見龍與坐山隔五位者曰腰受腰受之向必須砂水堂

局天然方可扦作

艮龍
丙向
寅向
腰受艮氣線
收放丑
之圖

壬癸背一面九離河洛理數無相違四垣四獸各正位五

氣順遊相憑依

此贊坐北朝南之妙也艮八屬木坎一屬水離九屬金

向生坐坐生龍不相違也四垣者紫微垣在北太微在

南天市在東少微在西四獸者青龍白虎朱雀元武也

各正位者面南坐北則各得其本位也

天市迢迢穴陰璇甲氣冲右耳無遷迤天廚丑微加穴粘

左富貴文武官崇巍庚向

陽樞穴坐天官乙星右腰乘氣多榮名若得陰璇辛山秀

起舍書飫史稱明經 辛向

陽樞艮為龍西向兌右耳乘氣最為貴穴宜挨左加廚星

丑闊閱榮華定無艾 酉向

天市行龍向陽璇巽氣冲左腋通微元屋潤家肥積金帛

只恐夭折虧夭年 巽向

陰璇評穴 辛□龍

催官第三穴天廐乾天乙行龍右耳受挨左立穴加少微

酉中男及第紆紫綬 巽向

陰璇穴西向東震陰璇氣從左耳進微侵䕘位勿加多巡

鷩小官亦英俊　卯向

陰璇辛穴向、天市垣氣從左臌推其源玉堂金馬無分到

儒官俊雅多田園　艮向

陽璇評穴。巽龍

催官第四穴宜乙陽璇巽左耳氣冲八天官乙借坐加青

蛇禁闕宸宮須夜直　辛向

太乙巽行龍天屏巳穴右耳乘氣真奇絕亢金殺位勿加

多巨富小實人英傑　亥向

太乙行龍向陽樞艮右腰乘氣無姜殊砂奇水揖龍精巽

詩禮富貴多金珠○ 艮向

陽衡評穴 卯龍

催官第五穴宜甲陽衡 卯 氣從左耳發穴挨西獸加天官

乙持節邊疆掌生殺 庚向

先交後武榮官班 辛向

阿香卯東來穴天官氣貫右耳屍靈安微加甲位穴粘左

天漢評穴 庚兑龍

催官第六向東震天漢庚氣從右耳進微加申位多榮名○

富壓鄉邦眾欽信 卯向

天漢正向天市星氣奔右耳眞奇淸微加西兌次粘石水

朝局備家資豐　艮向

南極評穴　丁龍

催官第七穴宜埔南極氣從右耳奔要使九陰坤勿貫穴

微加天馬午榮家門　艮剛

收眞　未氣

避傷　丁線加午

之圖　午　丁氣入耳

寅坤
丁氣入耳

未偽氣閒入
午　丁　未
不加午偽加
丁眞氣不入耳

中落之脈當妙
偽氣閒入之病
左右二落无此

南極丁行龍天皇〇亥向〇氣冲左耳乃爲上穴挨西獸微加

羊陽權午愼勿毫釐間〇亥向

太微評穴。〇丙龍

催官第八丙龍乙〇氣冲在脈夾才出解太微之龍穴粘巳〇

氣貫左耳富而巳〇亥同

蛇巳〇

太微丙〇行龍向陽樞艮〇右腰乘氣無差殊穴宜挨左加青

亦主人旺家資富〇艮向

少微評穴。〇酉龍

催官第九兑山艮〇左耳氣冲無多紊累加天乙〇辛 貴龍來

亦主文章與州郡艮龍

金雞來向天門亥啼氣冲 右耳天竅乾處微加天漢水砂

朝少年一舉登科第巽向

金雞啼向扶桑東氣冲腦散齯神功庚辛受穴始為巨富

職榮霸資財豐卯向

直龍
直向
隔山
取氣
之圖

辛　酉　庚

氣冲腦

平上受穴借庚氣貫入右耳

庚上受穴借辛氣貫入左耳

氣不冲腦

少微正向宜配丁右腰乘氣官職輕若轉天皇脈受穴右
耳受氣公侯生丁向

陽權評穴午龍

催官第十穴天貴丙陽權午左氣從耳注微加南極局周

迴沙水合矩公侯壬壬向

離山迢迢應日星丁穴右耳乘炎精午微加天貴丙毫釐

位立見驟富官職榮癸向

天輔評穴壬龍

背一面九乘天輔壬氣從右耳爲合矩穴宜挨左加天皇

亥富貴榮華振鄉土 午向

壬山迢迢穴天市 見天輔氣奔冲右脈穴左微侵半分亥

富貴聲名響里間 帥向

天輔穴向天官星氣從左脈通元靈穴宜挨右加陽光赤

主財富人英俊 乙向

陽光評穴子龍

穴坎陽光于右耳逼龍脈真俊生英雄切忌陽光氣冲腦

家資退落應如撬 午向

陽光穴坐天市 垣氣冲右耳乃為元穴宜挨左加天輔

家傳地理秘　卷三

孕產六指多田園○坤向

陰光評穴○癸龍

催官十三前元戈○坤　陰光俊美右耳過挨左微加半分月○

子富貴便見風流多○坤向

出人英俊資財豐○坤向

陰光穴坎向陽精半　左耳乘氣不爲輕穴宜挨右微侵牛○

元戈評穴○坤龍

丁穴迴環局周鎖元戈耳入氣冲左穴挨西獸微加申龍

脈精奇發如火○癸向

坎離交極少生氣老陰不交龍不備亦朝砂秀亦堪發證坤

癸離壬納於是○

陽璣評穴○乾龍

尢陽無生甲從乾氣從臉入非天然陽局不奇必凶惡煞○

寮絕嗣災害綿○甲向

陽璣乾來龍宜向乙迢迢左氣從耳入穴宜挨左微侵妻○

戌水朝局備家豪實 乙二向宜挨右加亥反換左加戌者帶 乙二分其氣入穴此變法也

皷益評穴○戌龍

戌山迢迢宜向乙皷益戌左氣奔耳入龍行起伏向洋潮○

巨富但恐人殘疾〇乙向

鼓益龍向天苑〇甲　星行龍懶緩災非輕穴挨酉獸細消詳〇

水朝局備篆貴豐〇甲向

功曹評穴　寅龍

功曹坐艮向元戈〇坤　左耳乘氣無偏頗微加甲位局周全〇

龍脈精奇發如火〇坤向

功曹正向天關巾星龍脈潁異穴堪親砂水不備總凶惡〇

寡母怪疾多生瞋〇寅龍甲向係直山直向宜挨艮惟怕甲氣冲照散

陰騭評穴〇甲龜

陰璇甲 穴巽向乾峰 氣從右脈家與隆左右不交龍失度

縷寡瘋疾動瘟風 乾向

陰璇起伏龍向坤左耳乘氣福無窮穴宜粘左微加寅龍

奇局鎖方堪興 甲龍坤向宜挨卯反挨左加寅者世常氣入穴論詳辰申二龍下

六金評穴 辰龍

巨富但恐無期頤 乾向

六金穴巽向陽璇氣從右耳為合宜天官乙微用穴粘左

亢金行度向元戈 坤 左脈乘氣方比和天官乙微加穴挨

左龍要精奇局要鎖 蓋辰龍坤向法宜挨右加馬反加乙則帶巽氣面凡難

其正鍮也此按加之變法○

天常評穴○ 未龍

未山起伏龍向艮天常殊氣冲右耳進穴挨左位帶丁來○

左道榮華人貴盛○ 艮向

天關評穴 申龍

天關中龍坐天漢星氣從右耳須細尋微加天鉞坤輔龍

行水朝局鎮人財豐○ 申向

申山局向瑤光癸宮○ 左耳乘氣力爲重元戈庫微加穴居

左龍蹲虎踞家資榮○ 申龍癸向法宜加庚令辰加坤坤艮有錯誤蓋申龍不如反氣之烈別有官乘

赤蛇評穴。巳龍

赤蛇頭向天門亥北直來直向神功烈巽內受穴最爲良。

富貴榮華人英傑亥向

天廚評穴。丑龍

金牛走向太微丙垣氣奔左耳龍胍旋陽樞艮微加穴粘

右水朝局鎖多田閞丙向

天廚龍向南栋丁星左氣冲耳資財豐穴挨西獸加陽樞。

艮富貴人欽左道霙丁向

天官評穴　乙龍

天官乙坤向穴天市　艮向　氣奔左瞰乃為利宂金微加穴粘

右亦主富貴人招贅　坤向

評穴總訣

氣從耳入官易期氣從腰脈官應遲耳腰乘氣有多寡乘

氣憤易差毫釐

賴公之作催官也其精神在辨龍乘氣挨加立向大約

以艮丙巽辛兌丁為六秀卯庚亥為三吉故曰六秀行

度間震庚三吉愛穴文武崇亥山一丈能致富巽水一

勻能救貧又以○五行辨行龍之凶吉如亥卯未木龍卯

方起祖轉亥入首○為旺趨生亥方起祖轉卯入首為生

趨旺或亥卯方起祖轉艮寅為生旺入臨官轉丁未為

生旺入墓皆吉若亥卯方起祖落辰巳為衰病落壬子

為沐浴○則為凶專以起祖入首辨龍得合生旺官冠則

發福全行度中有陰陽夾雜之病亦不泥也乘氣則有

耳受者腰受者無鱗甲者○如亥龍左隔山取者如酉皆陽

陰又耳受發速○受發遲甚為細密其評砂以四雜為

主評水以六秀為主如水局巽峯為臨官金局巽峯為

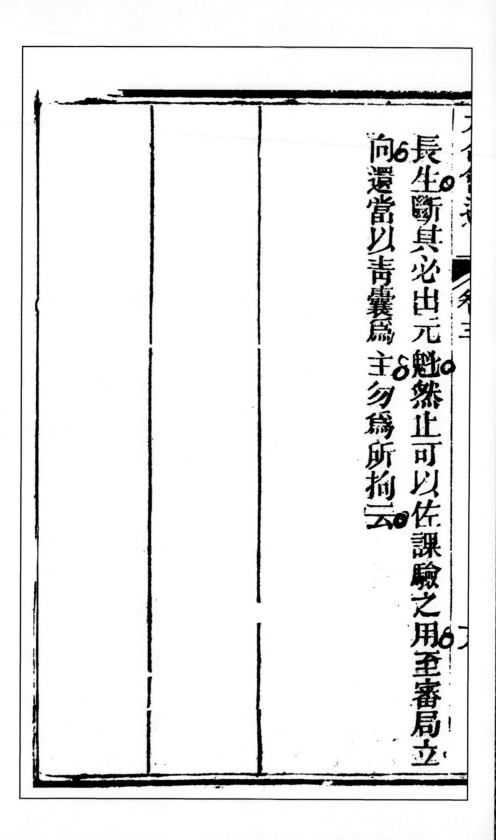

長生。斷其必出元魁。然止可以佐課驗之用。至審局立

向。還當以青囊爲主。勿爲所拘云

益陽歲貢生姚炳奎箸

壻貢生廖新竣參

男明亮孫振鸞校

納水立向訣

三元三合皆水法也。龍與砂次之。三元者三元空挨星紫白之所出。三合者雙山出焉。申子辰、水局也。坤壬乙從之。坤、申、壬、子、乙、辰俱屬水。寅午戌、火局也。艮丙辛從之。艮、寅、丙、午、辛、戌俱屬火。巳酉丑金局也。巽庚癸從之。巽、巳、庚、酉、癸

丑俱屬金亥卯未木局也乾甲丁從之乾亥甲卯丁未俱

屬木是謂雙山五行凡山水之由左趨右者爲左旋爲順

行爲陽氣以甲丙庚壬四陽干主之由右倒左者爲右旋

爲逆行爲陰氣以乙辛丁癸四陰干主之如坤壬乙申子

辰六龍俱屬水左旋者爲壬右旋者爲癸壬則生甲旺子

而墓辰癸則生卯旺亥而墓未生旺之方山水宜高而來

死墓之方山水宜低而去青囊所謂顛顛倒二十四山有

珠寶逆順行二十四山有火坑也推其生旺死絕而立向

以收之若得山高于旺相水敗于鬼方則爲珠寶否則爲

夾坑山山皆有之亦在人能自擇耳而右旋之龍係乙水
之生氣宜生寅出戌之丙水為配乙與丙交此陰用陽朝
此左旋之龍係壬水之生氣宜生子出辰之辛水為配壬
與辛會此陽用陰應也左旋陽山必有右旋之陰水交之
右旋陰山必有左旋之陽水交之雌雄相配乃成融結故
山與水同發源同入墓是謂結髮夫妻主劻年發越若丙
水不來干寅辛水不來于子是謂半途夫婦主遲暮乃榮
青囊所謂雌與雄陰陽交度合元空是也用甲丙庚壬四陽
干生氣右玄死氣在右故左水倒右立卯午酉子四正向

收左邊生旺水上堂使之流右邊死絕方而去合後天正
局乙辛丁癸四陰干生氣在右死氣在左右水倒左立寅
申巳亥四維向收右邊生旺水上堂使之流左邊死絕方
而去合後天正局為旺向若右水倒左堂局不在四維在
四正則又立卯午酉子四正向左水倒右堂局不在四正
在四維則又立寅申巳亥四維向謂之先天局為生向後
天者此世之生旺也由長生而沐浴而冠帶而官而旺而
衰而病而死而墓則完後天之局矣故立旺向收生水上
堂郭景純所謂朝于大旺也過旺以下衰病死墓皆可去

水皆謂之歸庫所謂流于四謝也先天者腹内之生旺也

墓之左為陽干絕位即陽干受氣之姑墓之右為陰干絕

位即陰干受氣之始絕處逢生故絕為小長生而養、

而長生而沐浴則完先天之局矣故立生而收絕胎而養、

上堂出沐浴方而去水法以來水主財祿去水旺人丁四

墓者陰陽相交之地如乙陰丙陽交而趨戌交則生故旺

丁沐浴為五行敗地陰陽亂交故亦旺丁其地屬交曲故

曰文口而水口不能限于一隅有可借則借之乙丙丙辛

辛壬壬乙丁庚庚癸癸甲甲丁同冠同墓同養同衰陰陽

相交可借其口而出。如乙木旺向在寅而水倒右寅即為

丙生向水出卯為交口出辰則借辛庫出巳則借乙交辛

金旺向在申而水倒右申即為壬生向水出酉為交口出

戌則借乙庫出亥則借辛交丁火旺向在巳而水倒右巳

即為庚生向水出午為交口出未則借癸庫出申則借丁

交癸水旺向在亥而水倒右亥即為甲生向水出子為交

口出丑則借丁庫出寅則借癸交蓋旺向則旺以下皆可

去水生向則生以下三方皆可去水三方以下則破旺矣

先天主秀後天主富二者兼全乃為大地至辰戌丑未為

四衰向水局可左可右可去其不曰墓向而曰衰向
者如火墓于、戌向戌則坐辰水倒右則丙火生寅隔于辰
之右丙氣不得從左而流行而戌非丙墓辰之左則庚金
之生方故戌為庚之衰向水倒左則乙木生午隔于辰之
左乙氣不得從右而流行而戌非乙墓辰之右乃癸水之
生方故戌為癸之衰向寅申巳亥為左旋之長生為右旋
之帝旺子午卯酉為左旋之帝旺為右旋之長生此八方
為八干之專氣若辰戌丑未乃八干之雜氣隨左右旋而
附于旺衰為旺之餘故為可向直指原中以衰向為墓向

所以見辱于前賢也凡定向必先認的的水口乃可裁向以

消納堂氣昔人云來源易知去口難識非葫蘆腰非犬牙

織血脈盡處乃爲眞的此要訣也約而言之局有七曰橫

水城朝水城織水城回水城斜水城直水城後合水城向

有三曰生旺衰口有四曰庫口交口借庫口借交口歌曰

水凡倒左作生圖倒右還將旺局來若遇旁朝生氣納正

朝知是旺神儔回龍前水如環後右夏生收左旺收又歌

曰橫織斜皆生旺衰直流之向惟衰上回朝後合止生旺

分而合之五百向作者熟精此訣活潑潑地于巒頭家點

穴之妙用有益無礙證之三元家靜則隨方而定之理無

不水乳交融若三元動則依數而行之法則隨時以取之

自無不吉而發福亦速使不以三元立向

則冲生破旺當元時或猶可無虞出元則凶不可支矣因

取水城之在南者立定局以爲式于左以證三合三元之

不相背爲初學隅反

　　水城在南立向定局

橫水城午水倒右來寅枘生去戌枘庫立午丁向丙旺向

上元未運下同

橫水城、午水倒左來酉屼絕去巳吒文立午丁向係乙生

向

橫水城、午水倒左來庚酉去乙辰辝立午丁向乙生自旺

橫水城、午水倒左來庚酉去甲卯㛰立午丁向乙生自

朝水城、午水倒左來寅水去乙辰立午丁向丙旺

朝水城、午水倒右合左來酉水去巽巳立午丁向乙生

朝水城、午水倒左合右來酉水去乙辰立午丁向乙生

朝水城、午水倒左合右來酉水去甲卯立午丁向乙生

朝水城、午水倒左合右來酉水去甲卯立午丁向乙生

朝水城、午水倒右合左來酉水去甲卯立午丁向乙生

織水城內堂午水倒右去辛戌繞向前倒左去品巽巳立午

丁向內丙旺外乙生

纖水城內心辛水倒　去辛戌又繞到向前倒左去乙辰

立午丁向　內丙旺外乙

纖水城內堂午水倒　右去辛戌又繞到向前倒左去甲卯

立午丁同生　內丙旺

纖水城內堂午水倒　左去巽巳又繞到向前倒右去辛戌

立午丁向生

纖水城內堂午水倒　左去乙辰又繞到向前倒右去辛戌

立午丁高　旺　乙生外丙

織水城內堂午水倒左去甲卯又繞到向前倒右去辛戌

立午丁向（內乙生外內）

回水城午水倒右夫辛戌繞後去甲卯立午丁向丙

回水城午水倒右夫辛戌繞後去乙辰立午丁向丙

回水城午水倒右夫辛戌繞後去巽巳立午丁向丙

回水城午水倒左夫巽巳繞後去辛戌立午丁向乙生

回水城午水倒左乙辰繞後去辛戌立午丁向乙生

回水城午水倒左乙辰繞後去辛戌立午丁向乙生

回水城午水倒左甲卯繞後去辛戌立午丁向

斜水城左來艮寅右來庚酉合流同去右角未坤方立午

向上丙旺

科水城右來庚酉左來艮寅合流同去左角巽巳方立午

向上乙生

後合城午水上堂倒右繞後合左來去乙卯轉去辛戌六

後合城午水上堂倒右繞後合左水去乙卯立午向上丙旺

午向上丙旺

後合城午水向右合左水去戌轉去卯立午向上丙旺

後合城午水向右合左水去戌

後合城午永向左繞後合右水去戌立午向上乙生

後合城午水上堂向左繞後合右水去戌轉去甲卯立午

向上乙生旺

後水城午水向左、合右水去卯、轉去戌立午向上乙生旺

以上諸局丙丁水多者宜立丙向丁向生旺元同、

橫水城未坤水上堂倒右來寅去戌輛立未向坤水多立

坤向丙衰

橫水城未坤水上堂倒左來子特去辰辭立未向坤水多、

立坤向降衰

織水城內堂未坤水倒右來寅去戌外堂倒左衆子去辰

立未衆坤水多立坤向下辛衰

繳水城內堂未坤水倒左來子去辰外堂倒右來寅去戌

立未向坤水多立坤向○降兩襄

斜水城未坤水上堂來艮寅去庚申立未向坤水多立坤

向○下兩襄

斜水城未坤水上堂來子癸去午丁立未向○坤水多立

向○降元襄

直流城右來壬子左來艮寅上堂去未坤立未向坤水多

立坤同兩元辛襄

橫水城巽水倒左來庚申去癸丑立巽巳向灯卅

橫水城巽水倒右來艮寅去丙午立巽巳向悢祎

橫水城巽水倒右來艮寅去丁未繫立巽巳向中庚元生

橫水城巽水倒右來艮寅去坤申灯立巽巳向悢祎元生

朝水城巽水倒左合右來庚申水去丑立巽巳向悢竹元旺

朝水城巽水倒右合左來艮寅水去午立巽巳向中庚元生

朝水城巽水倒右合左來艮寅水去坤申立巽巳向中庚元生

朝水城巽水倒右合左來艮寅水去丁未立巽巳向悢元生

朝水城巽水倒右合左來艮寅水去丁未立巽巳向中庚元生

織水城內堂巽水倒右去丙午禠向前倒左去癸丑立巽巳向丁內庚旺性元

元合會通　卷四

繞水城內堂巽、水倒右去丁未繞向前倒左去癸丑立巽

巳向○丁旺頫生卯元

織水城內堂巽水倒右去坤申繞向前倒左去癸丑立巽

巳向○丁旺頫生卯元

織水城內堂巽水倒左去癸丑繞向前倒右去丙午立巽

巳向○頫生丁卯明元

織水城內堂巽水倒左去癸丑繞向前倒右去丁未立巽

巳向○頫生卯旺中元

繞水城內堂巽與水倒左去癸丑繞向前倒右去坤申立巽

巳向納丁帶生旺帶元外

回水城內堂巽水倒左來庚申、去癸丑繞後去丙午立巽、

巳向帶丁元旺

回水城內堂巽水倒左來庚申、去癸丑繞後去丁未立巽

巳向帶丁元旺

回水城內堂巽水倒左來庚申、去癸丑繞後去坤申立巽、

巳向帶丁元旺

回水城內堂巽水倒右去丙午繞後去丑立巽巳向帶庚旺

回水城內堂巽水倒右去丁未繞後去丑立巽巳向帶庚旺元

回水城丙堂巽水倒右去坤申繞後去丑立巽巳向帙祂

斜水城右來庚申左來艮寅合巽水同去左角乙辰立巽

巳向帙祂

斜水城左來艮寅右來庚申合巽水同去右角丙午立巽

巳向帙祂

後合城離巽水上堂向左繞後合右來水去庚申立巽巳

向帙祂

後合城離巽水上堂向左繞後合右來水去庚申轉去癸

丑立巽巳向帙祂

後合城離巽水上堂向左合右來水去癸丑轉去庚申立

巽巳向中元莚

後合城離巽水上堂向右繞後合左來艮寅水去癸丑立

巽巳向帳莚

後合城離巽水上堂向右繞後合左來艮寅水去癸丑轉

去庚甲立巽巳向帳莚

後合城離巽水上堂向右合左來艮寅水去庚申轉去癸

丑立巽巳向帳莚

消砂立向訣

青囊云、更有諸位高峯起。尖秀高員要得位長生高聳旺

人丁旺位起峯財祿聚。此砂法也。外此有吳公四十八局。

雙山五行法也。鐸長老三十八將洪範五行法也。然止可

以辨天成之凶吉古人言砂獨言消者以大地多帶殺曜

此中須有作用存耳。惟賴公宿度砂訣權操在人按之無

不神驗。南唐何令通謂地無精氣以星氣為精氣。誠至言

也。法以中針向上之度為主角斗奎井屬木。亢牛婁鬼屬

金。氐女胃柳屬土。房虛昴星心危畢張尾室觜翌俱屬火。

箕壁參軫屬水如局中有高大星峯須對峯正立看其在

中針何度砂度屬木向撥火度木生火為食神向撥

木度為比、為旺神向撥金度金剋木砂為奴皆吉向在水

度水生木砂為洩向在土度土受剋于木砂為煞皆不吉

故見金火二砂立水度向撥金砂為生火砂為奴也見金

土二砂立金度向撥金砂為旺土砂為生也見金木二砂

立金度向則一為旺一為奴也立火度向則一為奴一為

生也見水火二砂立水度向則一為旺一為奴也立土度

向則一為奴一為生也至砂有高有低有大有小須撥高

黃大者居吉位而于本山之來龍尤爲吃緊砂有遠有近

有身、有尾須撥其趐其身居吉位而于其開面有情者尤

爲吃緊又須兼巒頭言之如見木金土吉形砂撥子吉位

發福最大所謂生見貪狼翰苑客生見巨門台閣臣太陽

金水尚書令廉貞破祿鎭邊庭生見文曲爲小貴淺煞旺

奴依例明是也故砂有蛾眉鳳輦鏡臺誥軸等形躔生帶

旺則屬男或男尚公主躔旺帶泄則屬女或女作宮妃又

庭有初關中關末關之別如室火十七度以一二度爲初

關爲進氣八九度爲中關爲旺氣十六七度爲末關爲退

氣看其何關陡健明亮何關透逸偷過何關粘連帶起輕

重遲速俱從此辨大抵有生無旺為有官無祿貴者不富

有旺無生為有祿無官富者不貴又或生而帶殺則貴者

殺身旺而帶殺則富者遭禍若殺低小則無子又或生而

尤須分別生在內煞在外是我殺人也煞在內生在外是

帶殺主發科甲善詩文居官清廉子孫貧絕又砂有層數

人殺我也煞先到生後到先否而後春生先到煞後到方

盛而造刑殺先而小旺後而大始貧終富罷先而大殺後

而小始富終貧又或煞殺先近而大生旺後遠而亦太主

本支貧絕承接房分鼎盛如在左則長絕仲承在前案後
坐則仲絕三承無三則長承在右則三絕四承無四則仲
承在左右之前則四六受殃在左右之後則長三嗣咎又
或殺在外生在內竟不為害者如金向內砂土外砂火火
土牽連火生土土生金也又穴點龍氣旺處煞多不應
亦不大害穴點龍氣弱處者反是且觀砂之遠近可斷發
福之遲速吉砂近穴有情流年填實其方卽應又有衝鉤
之法以決禍福之期如立巽宮木度向辰方金廖有砂尖
銳金剋木為煞斷申年戌月損人以申鉤辰戌衝辰故也

若立巳向屬水則又生人發貴又丙宮火度向亥方水度
有煞亥年墳實亥係內白虎應損小房人而寅與亥相合
竟釣入長房寅月損人會見煞砂在申橫死不在寅申年
月而竟應在巳亥者衝釣之內帶刑煞故也然亦必年月
之驛馬動方始應又如子山丙向辰為奴砂申年月應得
財利忽損人口辰子巽申水砂為煞故也丙向艮為食神
遇辛年月主病耗佃生人則出聰明敗蕩之子艮丙拱辛
土砂為淺故也又金山向巳丑兩峯高起酉砂平伏太歲
至酉巳丑兩位高峯拱起酉火為煞土山向甲丁兩山高

起乾砂平伏太歲至戌亥塡實乾方甲丁兩位拱起乾木

為煞此二者為暗煞若龍旺局美主生威武顯要之人龍

弱力輕則生豪惡之輩或損人丁凡看四維砂局如乾砂

在初關形勢親亥則亥年月應在末關形勢親戌則戌年

月應在中關形勢正在乾則甲年月應總之在天看躔舍

在地看形勢則吉凶立見若論公位一子獨管二子則廿

四位左邊六位屬長右與朝坐其十八位俱屬仲三子則

長占左六位季占右六位仲占朝坐十二位若有四子則

四居左前長居左後有五子則五居主星二居朝案有六

子則六居右前○三居右後○凡六子宮位○如青龍從坐山過

去爲長房之砂○從案山過來○爲四房之砂○白虎從坐山過

去爲三房之砂○從案山過來○爲六房之砂○如子午向艮寅

甲爲內青龍屬長○卯乙辰爲外青龍屬四○乾戌辛是內白

虎屬三○酉庚申是外白虎屬六○巽巳丙午丁未堪屬二○亥

壬子癸丑屬五○揆此砂訣賴公原以宿度爲主○今羅盤所

製度猶是公所別○南宋寧宗時開禧歷也○後繹長老以乾

弸艮巽、配木宿屬木○乙辛丁癸、配土宿屬土○辰戌丑未、配

金宿屬金○子午卯酉甲庚壬丙、配日月屬火○寅申巳亥、配

水火至張九儀始以寅申巳亥專屬水葉九升何偷秀峰

皆別之然星廢有今昔之殊多寡之異斷以中針向上今

璧歷赤道宿度爲准

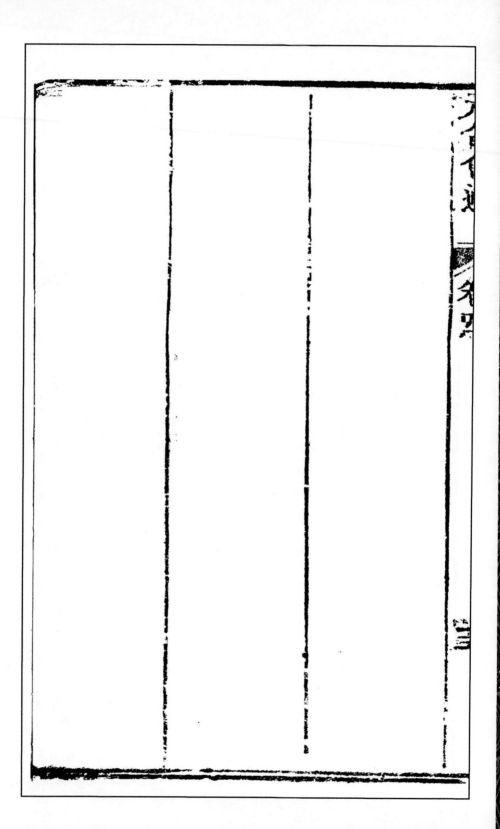

益陽歲貢生姚炳奎著

孫壻庠生余之鼎參

男明亮孫振鸞全校

小元空卦說

元空者、向水之總名也。水色黑、故稱元。向朝空、故曰空者

襄銓云、若論元空分五行、知得榮枯死與生。丙丁乙酉原

屬火。乾坤卯午金同坐。亥癸艮甲是木神。戌庚丑未土為

真。子寅辰巽辛盡巳申與壬方屬水神。經云天關開財祿

之源地軸瀋化生之實蓋來水爲天關去水爲地軸審明

堂水之來去有情無情以斷何年之興廢也法以周尺齡

駝尺八寸四尺五寸爲一步一步管三年如縫鍼丙向雙

山屬火於明堂丙向上逆量來水到屈曲處得正鍼之甲

元空屬木生丙向之火爲生入得正鍼之寅元空屬水尅

丙向之火爲尅入生入爲尅入爲有情算該幾步到何年必

得祿若是卯水屬金丙火尅之爲尅去丑水屬土丙火生

之爲生去尅去生去則無情算該幾步至何年必耗胅又

于丙向上順量去水得辛屬水爲尅入得亥屬木爲生入

算至何年必發丁得坤屬金爲剋去得庚屬十爲生去算

至何年必損丁故縫鍼巽庚癸巳酉丑六金向得戌庚丑

未水爲生人丙丁乙酉水爲剋入吉子寅辰巽辛巳申子辰六水向

水爲生出亥癸艮甲水爲剋出凶坤壬乙申子辰六水向

得乾坤卯午水爲生人戌庚丑未水爲剋入吉亥癸艮甲

爲生出丙丁乙酉水爲剋出凶乾甲丁亥卯未六木向得

子寅辰巽辛巳申壬水爲生人乾坤卯午水爲剋入吉得

丙丁乙酉水爲生出戌庚丑未水爲剋出凶艮丙辛寅午

戌六火向得亥癸艮甲水爲生人子寅辰巽辛巳申壬水

為剋入吉得戌庚丑未水為生出乾坤卯午水為剋出凶

青囊云○生入剋入為進神生出剋出為退神此小元空之

用也○

大元空卦說

葉氏云○青囊是論四卦三合小元空○天玉是論二卦四經

大元空青囊重收生旺天玉專辨清純而其註天玉經父

母卦也○分江東江西江南北為二卦謂自寅至丙八位為

江東卦自申至壬八位為江西卦午丁未坤子癸丑艮為

江南北卦東西十六位其一爻母南北八位其一爻母以

釋二十四龍管三卦之義其言大元空也○分金木水火四
卦以乾丙乙、子寅辰爲一龍金巽辛壬、午申戌爲二龍木
艮丁庚、卯巳未爲三龍水坤癸甲、酉亥丑爲四龍火○八神
四個一者○江東八位其中寅辰乙丙爲大元空之一龍也○
八神四個二者○江西八位其中申戌辛壬爲大元空之二
龍也○大元空以金木不犯水火○水火不犯金木爲淸犯則
爲駁○三卦之法東西之龍行度只宜東西若入南北卦爲
龍不純○立向只宜東西若立南北向爲向不純○水步只宜
東西若走南北方爲水不純○大元空之法一二金木之龍

行度只宜一二若折三四卦爲龍不純立向只宜一二若

立三四向爲向不純水步只宜一二若流三四方爲水不

純或龍向水俱在一龍之內如辰龍乾向水自寅來出丙

而去俱在一金之內謂之聯珠格、更妙此二家分用之法

又有二家互用之法如東西之龍向水不特不犯南北只

宜行大元空一二之內並不犯三四之水火此乃清中清

爲尤古故曰八神四個一四個二于東西卦中另指出一

二金木者此意也若東西爲主或犯南北止犯南北之一

二不犯三四南北爲主或犯東西止犯東西之三四不犯

一二爲淵中潴、其說不免穿鑿、不若葬民之以三元分三
封以天卦爲殤父母之直捷也。近世偶有元空秘斷以三元
水法爲主瞞融三合之意于內極爲靈驗弟鈔本不無
訛錯予爲增潤並加註釋以爲斷驗者之要訣謹錄于左

元空秘斷

不知來路豈知入路盤中八卦皆空　言扦穴須看來龍未

識內堂爲謎外堂局內五行盡錯　不言立向須重內堂一天

莫斗應用祗在中央千變蓮花其勢止此根蒂　坐穴以天

砂以輕乘氣脫氣轉禍福于指掌之間左挨右挨辨吉凶　度爲主

于宝芒之界。立向重乘氣左右挨加

纔隔水不逼情男女既屬夫門庭最忌頑劣非孝義龍與要

雌雄交媾向與卦爻雜亂巽妣同媚淑愬半豢螟蛉為嗣

水要陰陽比和

龍向水不火燒天而鷗張相鬥家生誹諱之見鳳行地所

宜駿雜

須直雌當室有勃谿之婦出乾坤為父刺金巽水出坤女離水

主坤裏為乾父所刺男不招兒坎為坤母所傷于難得嗣

忭卯向卯水倒左為癸生向卒生向卯坤則破胎倒右為甲旺向出

乾則衝破養兩卦相淆生逆子山乾東西兩山水

倒右鵉于金制不上剋水故衝與水炙媾如子山乾北未換局

生方又金制不上剋水故衝與水炙媾如子山乾北未換局

不沿亂眼龍絡穴出鰾夫艮無水炙無配偶主鵉北未換局

秦催尼震巽失宮招賊丐○位明堂破震應罹吐血之災○兌金剋木巽宮水路纏乾擬獲懸梁之厄○主血疾○雞鼠交而傾瀉每犯徒流雷火出而相衝定遭桎梏二黑○見逢破軍而身體多虧見文曲而蕩子無歸遇祿存而火災頻瘟疽發○言破絲聯各有司令之用午酉俱屬沐浴方如其星以斷之用午酉逢而江湖花柳枯午酉合流午山山風值而泉石膏肓○見午酉水酉山見午水皆主淫佚乃上元之水巽乃中元之山地被風吹還生瘋疾風雷因金死○水不宜混雜相傾

世時應未向震兌巽係東卦兌山震水為零正失時不吉○巽為裀子自縊乃酉乃○巽水入乾主自縊酉乃○翻卦兌為山震水為合戰○乾為首巽○乾為首巽○兌水為破軍震○乾擬獲懸梁○上元之水忌一時相交相衝○二黑遭桎梏

定被刀兵坤向坤水出卯為正局出于亦吉若來巽出坤

東卦兌為西卦震巽向兌為西卦水生來巽主來女八瘋疾艮出巽為正

無家室之可依奔走於東西道路少姻緣之作合寄食於

南北人家偶生家室姻緣不如此則不合局木傷上而金位

重重禍須有救土制水而木星疊疊灾亦難禳坤山見震

得乾兌水制之尚無為善坎山見坤非類相從家多淫亂因

水相剋得震巽水制之亦多禍龍向水苦

親而合世出賢良宜言龍向家骨肉我生之而反被其殘坐臨

盈而致死我剋之而反紫其惠遭法網而更生合坎水出

巽是金生水水生未也然酉金生巳流破生為主產艮向酉水出

向艮水入東西混雜主凶幸有卯水制之合流人帕為崔

囚為古陰邪滿地成羣紅紛塲中快樂人罷連珠相値青
雲路上逍遙巽離坤兌四女卦山水純陰混雜紅列主淫
元火發許下丙臨文曲丁近傷官八財圖之耗散癸爲元
龍子號紫氣昌熾各有攸司兩以甲丙丁向見坤坤水上堂大
凶壬癸水亦須有別方生方反背無情後八不肯生位端方
拱揖賢嗣承宗有情又得旺時必吉離山雜亂主頑鈍若巽山見離水乃
夫木見火而鍾聰明奇士混雜艮水離向見坤水火土
之地四生金天九火若剋金兼化水每經回祿之災土能制
之催官故吉如下元兌山見離水剋兌金出
水又生金自主田莊之富坎雜坎水能剋離火而坎離相

發無恙水與坤山水入堂出艮巽不剋水也一坎
山旺向丁神雙收正壹雙土洞水而木旺無娀金伐木而火午山子向坎
丙水去戌皆是壹雙土洞水而木旺無娀金伐木而火
雙至折桂之英則多方為正配庚向庚水兩水去丑丙向乾
坤來作離山朝山朝遇正配而一交采蘭之慶必有得干神之
坎合埃星大吉遇正配而一交采蘭之慶必有得干神之
重朝北闕時聞丹詔頻來巽闕龍自巽來入艮山自
而靜圖不宜言砂飛水宂巽為木艮為簑棟入南負頓見廳堂再燦驅
神作零神則凶龍向健而動順而動動非隹兆止而靜翁
水皆得生旺則吉
土生神則凶龍向立見死亡位位生來連添財喜正神作
之艮故發重重剋入立見死亡位位生來連添財喜
上元坤山最怕坎水得艮土制之而出酉為坤催官
合淺覓金之氣愈便覓山無力離被坎剋而角力而火愈

向一鎸旺向坤山酉巽水來酉乾星聯奎璧啓

去離火制金不剋木也一係生向多星在子山午午奎璧在乾

百代之交章胃入斗牛積干箱之玉局立多子山午午水出乾

元發貴天市垣在艮寅艮山富發富貴偉子午兼丁癸水雙朝向立

是也胃在酉斗牛在丑艮卯山酉丑局立旺向故水朝丁逢

台寅午戌局立旺向一台巳酉丑局立旺向也吉離丁水朝乾立

子癸喜產英男天市合坤申富當敵國午午癸兼丁

向坤申水特朝出卯下元發富貴偉王謝水令喬木扶蘇

富比陶朱土助兼金堆積土木遇水生堂合元運火生寅貴合局四柱無

生有合旺重人文寅申巳亥為四生合坤山巽水出兌也

衢裕饒田宅乾坤艮寅砂水斷驗歌訣調四庫水來主合局

也辛比庚而辛更粹美乙附甲而乙益秀靈有辛庚乙甲皆是元陽分陰分陽

之妙須較量龍向四旺岜図當看卦而酌其用四墓非吉

水勢以立局乃吉

須因時而慎所裁欲知禍福災祥妙在心恩眼力窮神盡

化庶乎近之○

砂水斷驗歌訣

第一歌○是貪狼天市垣㧒長丙方艮為貞下起元處四柱

高撐地始艮砂如櫥橫水凝注宦資廩籬富難量砂如低

小水源短亦當渟飽窠田莊两龍遇艮砂秀秀黃甲聲聲

次第三台獻秀水精挸登穴見之福始長艮畏寅分之寅

畏艮水破砂陷貴休詳○

丙應太微多福壽艮龍如遇催官速丙丁敕交山水朝犯

罪皇恩明敕筍砂如即笋作公卿櫥横之形尤富巳辛酉

亥龍實驗之亦須水朝或凝蓄破局敗家或火燒登穴見

之多夾谷丙同午位並流來寅午戌年見回祿

第二歌歌巨門巽為地戶太乙星巽砂巽水龍辛亥戌年

人試冠羣英巽方若見雙峯起兄弟聯芳入翰林庚卯二

龍砂拱巽出人經醫武超羣巽砂若使似蛾眉男為駙馬

女為妃因女致富因妻貴皆因巽水特來歸巽丙丁水號

三陽最喜朝來入鬼鄉東震西庚皆鬼位義門壽考福無

疆巽水雖然剋艮龍縱無壽算也豐隆巽畏兌今丁巳丑

丁巳退巽酉畏辛巳向剋巽水冷退抱花山見長淫風

辛峯天乙司文章翰林學士觀龍光巽龍乍少登科第狀

元魁首姓名揚辛水朝來進金寶亦主如花女人好穴乘

艮亥卯龍神水朝砂琴登科早丁巳畏巽酉畏辛破局冷

退人不曉

第三歌條絲存乾居祀極號天門水朝砂聳出豪宰龍神

最喜坐卅申離龍宰輔辰龍貴馬上金階龍躍門乾居卦

首甲千首發福卓巽于孽龍破局多招跛且瘋鰥寡繼贅

絕嗣宗乾亥雙朝八失血戌乾暗啞並盲雙艮丙巽龍見

乾水灾禍須分緩急臨乾水朝時禍速至乾水去時禍緩

祿。

甲水甲砂乾龍吉年少登科八得意破局跛癃雜卵瘋峯

欲木參與畫筆寅甲有墩出師巫若使員長主博弈

第四歌文曲分壬與寅戌納兩離離水富豪又貴顯王子

癸龍甚合宜離本去來俱驟發時至離鄉是發期離峯獨

出招回祿乾壬泄制產英奇破局咸池及火灾于午軍賊

劫貲財若有員墩火灾兒又主目盲並墮胎巳丙向中午

水見隱大吐血常慚獄午水若從西日流卯艮龍見淫且

羞乾龍午水為殺曜位合先天不甚愁

壬水驟發愛午龍砂清水秀出公卿單壬納粟血財旺婦

龍亦作催官論壬水來時居家發壬水去時離鄉興亥畏

壬兮離辰亥黃腫潛水一朝傾

寅水丁尉變乙龍水來水去離鄉興破局寅為艮八煞瘋

盲虎咬血癆人寅甲有墩出巫祝員長博奕遠馳名

戌水辰龍富驟發戌應奎婁出科甲間招回祿璽與盲兩

局則為鼓盆殺卯龍暗啞向戌艮艮龍聾盲向坤發丑未

龍來戌流注少亡悖逆不忠懟戌方若有尖刀砂庚酉龍

昆時層亂午戌破局壞眼睛或砂或水壃分明砂患眼珠

常山出水患眼珠凹陷深庚戌宮中名燥火庚同戌塘橫

事興

第五歌瀼貞鬼震應雷門陽衡位震水特朝纏富興庚龍

應產英雄類庚卯峯高主大權坤艮卯爻並亥未庚卯亦

艮乙與坤申艮庚亥震巽申姦盜頓興由破局定遭殺戮

與眉刑

庚為天漠震催官去來俱富發武升庚砂高似兊鋻樣主

生大將鎮邊關庚砂尖似判筆形艮亥行龍折獄清庚砂

高聳巽龍見爲官清正播芳名單庚破局庭強 人全憑偷

籍以營生壬龍凶向庚招尖定生強盜作頭名 庚申冲射

被人殺害衆成家得丙丁

天皇積善旺丁祿卯巽龍逢尤富足離龍畏亥亥畏壬申

畏庚亥爲破局少年吐血癆瘵生若還橫過禍災輕

未水信邪主血財卯龍未水分去來未雷驚家興發未

去雷轟家漸衰辰戌龍見出鰍窠悖逆多招僧作尘

第六歇覓武曲兌雞少微西金宿酉砂酉水秃而清丁艮

催官易且速巽龍酉水殺相侵酉方山陷卯巽凶相逢丁

午辰戌龍酉水來去珰鬨風辛酉混朝兩相畏雖富別妻

害瘟瘦

丁為南極老人星與丙同來號救文男孝女賢多壽考破

局腹痛禍家庭陰龍遇此皆發福射策金門是酉龍水朝

砂委魁第一龍來艮亥喜相逢

巳旺丁財號天屏卯龍巳水亘富興巳起貢敫號金印艮

亥行龍最喜逢破局吐紅損年少或見蛇傷所忻應丑龍

酉龍見巳水暗金曜氣兩遭凶巳偕巽水少俱瀦水剋水

兮禍相逐巳剋巽水財退多巽向巳水丁難救龍向剋水

禍緩輕水剋向兮禍重速壬亥艮寅兼乙卯庚申辛酉同

象宛巳屬長生與亥皆巳為地戶最宜開陽龍水口巳砂

塞婦八不孕絕嬰孩陰龍水口巳嶽起縱然懷孕也墮胎

丑流信佛旺牛旺破局僧巫鰥寡兼長戌龍見癲盈首兌

畏巳兮牛丑連巽龍壯水黨曜同四墓魚袋扛屍凶升方

若有尖刀砂乾坤龍見產屠翁

第七歌號破軍北方坎納癸申辰坎癸水朝生六指離龍

穴近君門陽龍坤離陰巽兌定然發禍是雙生坤離雙

生男卽富貴兌雙生女漸貧破局咸池生黃膧投河自縊

弦耳聾癸丑混流多腹脹女禍無端到弟昆

申爲生位旺財丁破局虛癆損妙齡卯龍申水扦申向化

絲爲官官位寅卯龍申水扦庚酉逃亡絕滅苦連州

大旺財產是辰水來去咸官沖崑位乾龍得此稅糧多破

局瘋癲並落水坎龍犯煞落水亡酉龍暗啞缺唇齒丑未

龍生痼疾八魚袋砂見主路死甲辰位上是天罡甲向辰

水最可恥

第八歌輔兼弼地母卦排坤與乙坤主財穀極豐盈寰毋

起家多蓄積乙癸乾離四龍神每逢坤水坤砂損男為將
軍女為將亂峯低小亦官籍破局坤朝少寡孤掀裙砂拱
女淫汚若有員峯盂鉢樣定生和尚與尼姑坤申並朝福
祿齊坤水卯龍定剋妻坤氣未水混流八廉貞八殺兩相
隨未少坤多遇陽局每見男人吐血亡未多坤少遇陰局
女人失血甚悲傷
乙逢坤脈可催官乙見辰龍貴一般乙辰雙朝多繼產贅
得妻財富且歡破局主生手足疾多女螟蛉或贅繼乙卯
同來定損妻乙辰投河並自縊

山不特來卦不准水不朝凝斷不靈四庫水來主驟富四
繞山起產英雄四長生破主天折四沐浴來主宣淫丑未
水邪信巫牛羊旺丑戌砂尖屠創興子午盜賊戊庚卯
四生吐血午乾坤辰戌乾嘔聾午戌同乾寅瞎寅申乾甲辰
多瘋坎癸六指丑未癩乾甲峽駝辰缺唇子午巳墩胎屢
墮四墓戶山路死人
昔賴太素寓紹興三年無有知者乃將卦氣斷驗訣留
存鐵工家焦氏仁山得之往餘杭行業人泰之若神明
其書乃催官龍尖砂水四篇眞詮賴公星學一生得力

處也○張氏配以輔星地母卦作為歌鄙俚重複拖沓不
滿難于尋繹予本其義而更其詞刪繁就簡條縷分明
更加以精確有驗之訣末復總括其義俾學者便于記
誦焉○

司馬頭陀水法○公姓劉名潛宋哲宗時南康府人官
後出家自稱司馬頭陀

蔣氏三元水法本司馬氏水法而出司馬氏因青囊有貧
狼祿馬小神大神之格知天干氣清地支氣濁而有絲逢
太歲冲動則凶乃著水法悉本三合而用于維取氣之清
也直流格云巽坐水流乾上去金水相生富且貴若流辛

戌亥壬方失火流離遭徒配乾山巽水出高官來水去水
總一般若教巳辰來去見男孤女寡出貧乏坤山艮水出
富豪為官分外更清高切忌丑寅支上去瘟瘟虎咬幾番
遭艮山坤水還主富廣置田圍開質庫只忌申未兩官流
典盡家資亦絕戶此正鍼乾巽坤艮串縫鍼戌辰丑未向
左右八干同歸向上是三合衰向水法蔣氏推衍之謂天
元向水之來去宜在天元地元八元向水之來去宜在地
元人元郎此法也祿馬御街格云乾宮正馬甲方來借馬
原來丙來遊辛是乾宮之正祿三方齊到福無休巽辛正

翳甲正祿艮丙馬參祿乙搜坤是乙來為正馬丙為正祿

更宜求訣以坤申庚為陽金酉辛戌為陰金乾亥壬為陽

水子癸丑為陰水艮寅甲為陽木卯乙辰為陰木巽巳丙

為陽火午丁未為陰火陽向從本五行長生上起青龍順

加六神于地支陰向從本五行大墓上起青龍逆加六神

于地支俱以元武前一位為御街如坤申庚子癸丑六向

乾為御街得甲水是正馬辛水是正祿丙水是借艮馬上

街酉辛戌巽巳丙六向坤為御街得乙水為正馬丙水為

正祿丁水是借兌馬上街乾亥壬卯乙辰六向艮為御街

得丙水為正馬乙水為正祿辛水是借巽馬上街艮寅甲

午丁未六向巽為御街辛水為正馬甲水為正祿乙水為

借坤馬上街主貴蔣公木此遂將二十四位陰陽依傍改

摸云陰不是陰陽不是陽亦緣飾之詞也司馬公貪狼格

云巽庚癸與乾甲丁坤壬乙與艮丙辛四貪狼格真奇異

定出登科及第人巽庚癸者正鍼庚向串縫鍼申向癸水

上堂倒左出巽合子申辰局乾甲丁者正鍼甲向串縫鍼

寅向得丁水上堂倒左出乾合午寅戌局坤壬乙者正鍼

壬向串縫鍼亥向得乙水上堂倒左出坤合卯亥未局艮

丙辛者正鍼丙向串縫鍼巳向得辛水上堂倒左出艮合

酉巳丑局此四陰干之旺向生水上堂出墓而去立正鍼

甲庚丙壬串縫鍼寅申巳亥向也三奇格云乾癸坤辛正

是奇艮乙巽丁過度時若是相逢依順逆爲官早折桂中

枝乾癸者丙向得癸水上堂倒右出乾也坤辛者甲向得

辛水上堂倒右山坤也艮乙者庚向得乙水上堂倒右出

艮也巽丁者壬向得丁水上堂倒右出巽也此四陽干之

旺向生水上堂出墓而去立正鍼甲丙庚壬串縫鍼甲丙

庚壬向也三合連珠格云辛入乾宮百萬庄癸歸艮位發

文章乙向巽流清富貴丁坤終是萬斯箱甲乙艮氣丙丁

巽庚辛坤與壬癸乾貴人三合連珠水三合連珠爛丁錢

辛入乾者辛向庚水上堂倒右出乾癸歸艮者癸向壬水

倒右出艮乙巽者乙向甲水倒右出巽丁坤者丁向丙水

倒右出坤甲乙艮者甲向乙水來朝倒左出艮丙丁巽者

丙向丁水來朝倒左出巽庚辛坤者庚向辛水來朝倒左

出坤壬癸乾者壬向癸水來朝倒左出乾此正鍼乙辛丁

癸甲庚丙壬向左右兼加俱可經云奇貴連珠並祿馬三

合貪狼貴無價小神流短大神長富貴聲名滿天下乙辛

丁癸是小神甲庚丙壬是中神乾坤艮巽是大神司馬氏

發明其義總以乙辛丁癸甲庚壬丙立向以乾坤艮巽去

水悉合三合生旺衰向水法是善于用楊公之法者也為

立定局于左

左水倒右局

乙丙坤　丁庚乾　辛壬艮　癸甲巽

乙丙乾　丁庚艮　辛壬巽　癸甲坤

上字是水源中字是向下字是水口餘倣此。此入局要

串縫鍼甲丙庚壬向忌串寅申巳亥向

乙丁坤　丁辛乾　辛癸艮　癸乙巽

乙丁乾　丁辛艮　辛癸巽　癸乙坤

甲乙巽　癸辛乾　丙丁坤　壬癸艮

以上十二局左右兼加俱可

甲丙乾　丙庚艮　庚壬巽　壬甲坤

甲丙坤　丙庚乾　庚壬艮　壬甲巽

以上八局宜串縫鍼甲丙庚壬向。忌串寅申巳亥向。

甲丁乾　丙辛巽　庚癸艮

甲丁坤　丙辛乾　庚癸艮　壬乙巽

甲丁乾　丙辛艮　庚癸巽　壬乙坤

以上八局左右兼加俱可

右水倒左局

乙壬乾　癸庚坤　辛丙巽　丁甲艮

乙壬坤　癸庚巽　辛丙艮　丁甲乾

以上八局宜串縫鍼寅申巳亥向忌串縫鍼甲庚丙壬

向

乙甲艮　丁丙巽　辛庚坤　癸壬乾

乙癸乾　癸辛坤　辛丁巽　丁乙艮

乙癸坤　癸辛巽　辛丁艮　丁乙乾

上新八局在右兼加俱可 【四局宜加辰戌丑未

甲壬乾　王庚坤　庚丙巽　丙甲艮

甲壬坤　壬庚巽　庚丙艮　丙甲乾

上八局宜串縫鍼寅申巳亥向

甲癸乾　壬辛坤　庚丁巽　丙乙艮

甲癸坤　壬辛巽　庚丁艮　丙乙乾

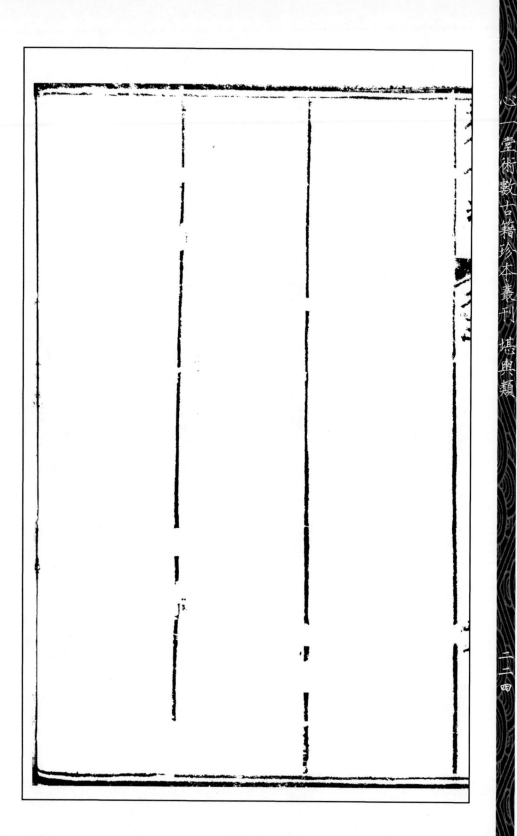

益陽歲貢生姚炳奎箸
孫壻庠生余之鼎參
男明亮孫振鸞仝校

輔星換星源流總說

昔人謂不明八山則不知吉凶之位，不明九宮則不知興廢之時，二者實交相為用。八山輔星也，從本局向上起星，以貪巨武為吉，合天定卦，三合家用之。九宮紫白也，以本局星入中飛佈，以生方旺方為吉，合挨星卦，三元家用之。

九宮得運之局得運之水古入山之吉則必發但陰宅重
水陽宅重門路而入卦方位須合先後天納甲參用若不
通會其源流而專執其師之一説以相取則不合而不驗
者多矣恭二者皆取貪巨祿文廉武破輔弼九星配用先
賢隨時取義顛倒變易各所化矣九星取義于北斗原屬
而剖析之庶執一者可知借以明其意之所在予為博考
渺茫昭代叢書已明斥為星歷家妬奇之説楊公筠松借
以言巒頭證明五星之兼體極為精確詳載撼龍經實為
堪輿家不祧之祖而以貪配一白坎巨配二黑坤祿配三

祿存文配四綠，鋤廉配五黃，巨武配六白，乾破配七赤兌、輔配八白艮、弼配九紫離。○始見于幕講師所傳之玉鏡正經，今之所挨星者皆用此法也。○青囊奧語載坤壬乙文曲從頭出，艮丙辛位位是貪，○巽庚癸盡是武曲位，乾甲丁貪狼一路行，是三合雙生法也。坤壬乙合申子辰爲水局，故屬文；艮丙辛合寅午戌爲火局，故屬廉；巽庚癸合巳酉丑爲金局，故屬武；乾甲丁合亥卯未爲木局，故屬貪而言。三元者更之曰坤壬乙巨門從頭出，艮丙辛位位是破軍，巽辰亥盡是武曲位，用甲癸申貪狼一路行，子未卯三位祿

存倒寅庚丁顛倒作輔

曲古連四蕃上元卦爲坎坤震上元星爲貪巨祿而以貪

分配坎之癸坤之申震之甲故曰甲癸申貪狼一路行以

巨配坎之壬坤之乙震之乙以祿配坎之子坤之未震上

卯故曰坤壬乙巨門從頭出子未卯位位祿存倒下元卦

爲兌艮離下下元星爲破輔弼以破配兌之辛艮之丙離之

丙故曰艮丙辛位位是破軍以輔配兌之酉艮之巽離之

午故曰寅庚丁顛倒作輔星午酉丑右弼輪到九中元卦

爲巽乾中元星爲文武以武配乾之亥而互以辰巽以文

星午酉丑右弼輪到九戌乾巳交

配巽之巳而互以戌乾故曰巽戌亥盡是武曲位戌乾巳

文曲古連四此二十四山二十年小運之令星也三合三

元各有收義矣必辨其孰為古本今本耶至論九星之所

自始則起于邱延瀚天定卦邱公頴所謂元女當年親口

傳者也上橫列後天離巽兌四女卦下橫列乾貝坎震

四男卦而按先天生卦之序乾一兌二離三震四巽五坎

六艮七坤八而一與二對三與四對五與六對七與八對

從本卦對宮起貪一上一下次第翻之中起中止絲起絲

止以貪巨祿文廉武破輔弼為序輔與弼同宮是八山之

祖也○諸卦俱從此出如乾局乾與兌對從兌起貪絃起絃

此震巨坤祿坎文巽廉艮武離破乾輔是爲天父卦坤局

坤與艮對從艮起貪中起中止巽巨乾祿離文震廉兌武

坎破坤輔是爲地母卦以貪巨武爲三吉坎局則巽辛艮

丙震庚爲吉離局則以震庚兌丁巽辛爲吉震局則貪在

離巨在乾武在坎巽局則貪坎巨坤武離艮良局則貪在坤

巨在坎武在乾兌局則貪在乾巨在離武在坤四陰龍之

三吉在四陽龍之三吉在四陰卦故陽龍宜坐陰

山立陽向陰龍宜坐陽山立陰向以占坐山之吉夆也楊

篛松虔州陽宅課云、辛龍甲向、坤門路、只管用現財自有

五鬼運將來、辛龍卽巽從坎起貪廉在乾廉為五鬼甲納

于乾甲向、是五鬼臨門也、互在坤乙掌財帛坤乙門路得

水為五鬼臨門帶財來、是楊公用對位起貪之法、無所謂

校庭也。吳景鸞徽州府基課云、卯龍丙向甲門開五百年

開產大財、走了紫陽山下水乙庚之歲損嬰孩、基係癸卯

龍過峽癸卯緣震從離起貪、互在乾甲納于乾、開甲門、故

產大財、廉在坤、坤峯高聳、因建一樓供一黑邑將軍拈弓

搭箭射之、以水制火也、巽峯祿存、宜低而高、乃于南門外

向巽鑿一丁字塘以制之用丁者巽納辛畏丁火為殺曜

也癸卯龍納首屬金酉水來係金旺方都為破軍乃建橋

造屋以掩之水流紫陽山巽巳方去係金生方故乙庚化

金之年有損小兒之應是吳公用對位起貪之法無所謂

換星也賴敬仙記胡太傅巽龍乾向地云五鬼臨門不帶

財官為太傅也須貪巽龍入首巨門到坤五鬼到乾乾峯

高起即扦乾向是五鬼臨門也若坤乙方有水來則帶財

主有五鬼運財之應或乾向有水朝拜則廉貞水化為輔

卿水亦惟無此血回祿之災且有宦貴孝友之慶貴而且

富也惜兩方皆平坡無水故斷貪是賴公用對位起貪之
法無所謂挨星也又有五鬼卦從本宮起廉以廉武破輔
貪巨祿文為序以貪巨武水朝為吉廖公金精以廉居本
宮不合陰陽乃將廉輔互換從向上起輔以輔武破廉貪
巨祿文為序例用正鍼而兼縫鍼不論水口專論來去之
水目之所見者為是貪輔、主子孫武主貴秀巨主財帛廉
主火症破主官災祿主殘疾文主淫蕩各以類應內中有
吉帶凶凶帶吉者如廉為五鬼帶巨門水主富辛向見乾
水卑水同來是也帶武曲水主貴庚向見坤水丁水同來

是也。但發福者主有血疾。若廉貞、水帶巨武、水不上堂而

他去不吉卦例至廖公始變對位起貪之法而從向上起

輔是爲輔星水法亦無所謂挨星也。自後乃有變輔而用

挨者。殆始於蔣公平階。蔣公頗譜天星之學所著天元五

歌論元運論選擇實有可取所言挨星引而不發致使無

識之徒不明易理不識天心各創一說以簧皷千世竟令

學者眞贋莫辨吁。誤人甚矣予於挨星經十餘師始得其

其眞散見於各條下玆將各卦例剖析源流而立輔星定

局。與總斷歌于後俾學者不勞而獲焉。

輔星定局

乾甲向○武在離壬寅戌破在艮丙廉在巽辛貪在坎癸申

辰巨在坤乙○祿在震庚亥未文在兌丁巳丑

離壬寅戌向武在乾甲破在巽辛廉在艮丙貪在坤乙丑

在坎癸申辰○祿在兌丁巳丑文在震庚亥未

艮丙向武在巽辛破在乾甲廉在離壬寅戌貪在震庚亥

未丑在兌丁巳丑祿在坎癸申辰文在坤乙

巽辛向武在艮丙破在離壬寅戌廉在乾甲貪在兌丁巳

丑巨在震庚亥未祿在坤乙文在坎癸申辰

坎癸申辰向武在坤乙破在震庚亥未廉在兌丁巳丑貪在乾甲巨在離壬寅戌祿在艮丙文在巽辛

坤乙向武在坎癸申辰破在兌丁巳丑廉在震庚亥未貪在離壬寅戌巨在乾甲祿在巽辛文在艮丙

震庚亥未向武在兌丁巳丑破在坎癸申辰廉在坤乙貪在艮丙巨在巽辛祿在乾甲文在離壬寅戌

兌丁巳丑向武在震庚亥未破在坤乙廉在坎癸申辰貪在巽辛巨在艮丙祿在離壬寅戌文在乾甲

輔星總斷歌

惝狼屬木一、四、七太陽本宮主孝弟更得木旺方與時亥

卯未年應得意〇

武曲屬金二五八金水福德主科 甲更得金旺方與時巳

酉丑年應顯達〇

啞產難雷水溺〇

破軍屬金一四七天罡絕命主凶 逆膻足缺唇及瘟瘟瘋

廉貞屬火一四七燥火五鬼主狂戾師巫瘟火癆血亡瘟

產雷傷並足疾帶巨主富帶武貴廉文弼入招狐媚更得

火旺方與時禍速應在寅午戌

貪狼屬木三六九紫氣生氣主孝友因公進財及登科紫

茜繞棺發丁口

巨門屬土二五八天財天醫主正大神童壽考福豐隆辰

戊丑未年方發

祿存屬土三六九孤曜絕體主禛謬僧道牢獄寡與鰥縊

亡產難亦時有

文曲屬水一四七撋蕩遊魂主技藝賭博顛狂落水亡瘡

癆瘵瞎眼足疾欠債離鄉鰥寡多申子辰年大不利

五兎運財定局

乾甲龍立巽辛向得震庚亥未來水與門路

離壬寅戌龍立艮丙向得兌丁巳丑來水與門路

艮丙龍立離壬寅戌向得坎癸申辰來水與門路

巽辛龍立乾甲向得坤乙來水與門路

坎癸申辰龍立兌丁巳丑向得艮丙來水與門路

坤乙龍立震庚亥未向得巽辛來水與門路

震庚亥未龍立坤乙向得乾甲來水與門路

兌丁巳丑龍立坎癸申辰向得離壬寅戌來水與門路

總訣乾坤龍用雷風相薄格震巽龍用天地定位格坎

離龍用山澤通氣格艮兌龍用水火不相射格男卦龍、

用女卦向取男卦水女卦龍川男卦向取女卦水陰陽

相配巧合如此

大遊年卦

大遊年亦名卜居卦八宅周書相宅家用之法本天定卦

以貪廉武交祿巨破輔為序因謂以貪巨祿交為序者可

兼斷陰宅名小遊年此專看陽宅名大遊年小陰而大陽

也如震為本宮乾屬廉曰五鬼卽小遊之巨門巽屬武曰

延年卽小遊之祿存坤屬祿曰禍害卽小遊之廉貞坎屬

巨曰天醫即小遊之武曲離屬貪曰生氣艮屬文曰六煞

兌屬破曰絕命震屬輔曰本宮皆與小遊同益乾兌爲老

陽艮坤爲老陰二老相配爲西四宅離震爲少陰巽坎爲

少陽二少相配爲東四宅東四宅木火相生相比地須門主

竈與宅主命俱在東四卦西四宅土金相生相比須門主

竈俱在西四卦但山爲正神一卦可通三山門主竈爲零

神宜兼用納甲此又從對宮起貪之法與輔星向上起者

有異錄定式于後　乾六天五禍絕延生　坎五天生延

絕禍六　艮六絕禍生延天五　震延生禍絕五天六

巽天五六禍生絕延　離六五絕延禍生天　坤天延絕

生禍五六　兌生禍延絕六五天。如大門在南用離八句從門上起數……八方

三元命訣

上元甲子起一宮○中四下七五寄坤○女命上五寄艮八中

二下八逆順輪男命上元甲子用排山掌起坎一宮逆數

至離為甲戌屬離命○中元甲子起巽四○乙丑至震屬震命○

下元甲子起兌七○乙丑是乾命○丙寅是中五寄坤二○屬坤

命數至丙子是巽命○女命上元甲子起中五寄艮八○為艮

命○順行乙丑是乾命○丙寅兌命○中元甲子起坤二○屬坤命○

下元甲子起艮八是艮命數至癸酉仍在艮亦是艮命算

法每一宮行十年如下元男命甲子起兌逆至甲戌乾甲

甲中五甲午巽是巽命乙未震是震命丁酉是坎命辛丑

是乾命

三元年九宮起法

年白三元各不同上元甲子起一宮中元四綠宮中起下

元七赤逆行論

每甲子皆逆行九星者順布如上元甲子起坎乙丑離

辛未到震郎以三碧入中順飛也

月九宮起法

子午卯酉起八白辰戌丑未五黃求寅申巳亥二黑起逆

行順布八方遊。

如子年正月起八白二月七赤三月六白以值月星入

中順飛八方以論凶吉

日九宮起法

冬至一白雨水赤穀雨原從四綠求夏至九紫處暑逆

降先從六白遊陽須順去陰還逆但求六甲永無休若逢

紫白方為吉活法須當仔細搜。

如冬至前後甲子日起一白乙丑日二黑夏至前後甲子日起九紫乙丑八白以値日星入中順飛八方、

時九宮起法

三元時白日相同陽順陰逆入中宮冬至一四七當記夏至九六三是宗。

冬至後子午卯酉日子時一白。辰戌丑未日子時四綠。寅申巳亥子時七赤順行求値時星夏至後子午卯酉日子時九紫辰戌丑未日子時六白寅申巳亥日子時三碧俱以値時星入中順飛

九星生剋歌

生氣原來生我身殺星剋我便為凶我若生他為退氣被

吾剋者是財神但為死氣非全利與我相同旺氣眞

凡看凶水須審大局何方峯起何方水近如離方有水

便作坎山坎方有水便作離山乾方水近便作巽山巽

方水近便作乾山四圍有水作中宮論如無合流則取

橫遶如有合流卦則從角蓋平地以高者為山山峯為

建低者為水水際為破建為主破為客主宜豐厚客宜

環抱生旺方宜山高尖朝關煞方宜山低水去又上局

見一白木局見入白火局見六白為魁星火山見八白

土山見六白金山見一白為善曜宜朝揖有情又山岡

水路得管元星朝顧圭六十年大利加南方水近即為

坎卦以一白星入中其生剋以一白水為主二黑土到

乾為殺氣方三碧木不到兌為退氣方

主選流年九星加臨吉凶訣

生入煞方勉疾病煞入生方半吉凶死上煞來動田產財

臨殺退損犧牲殺臨關煞穿心害生入生方處處興惟有

玉寶正神煞入方到處不留情

以主運星、流年星加八局八方斷。如坎局以坤為生氣方，上元甲子二十年又得七赤生氣加坤為生入生方。餘倣此，生見生主進財增產生見殺主官災得貴人救。殺見殺主火災損八煞見生上半年吉下半年損八退。見退主禍害疾患生見退主損六畜小口後遇貴人以

本方有山水道路朝棋及六專動作方斷。

陽宅九星吉凶斷

煞氣原姑門竈厠煞方偏喜去安房生旺自宜安六事斤門路井生方却忌去安床退氣須知損畜產門安死氣不生竈厠

變有五黄凶愈速百事臨之都見傷

如震宅以三碧入中飛佈四綠到乾為旺氣方五黄到

鈴為沖關方六白到艮為殺氣方七赤到離為殺氣方

八白到坎為死氣方九紫到坤為退氣方一白震為生

左二黒巽為死方餘倣此凡占陽宅先以生氣殺氣占

宅外砂水次以生氣殺氣占宅内房間盖本方自有生

旺死退吉凶之分飛剋本位為煞本位剋飛為煞飛生

本位為生本位生飛為退此和為旺合中宮之生旺而

本位又自為生旺不相刑害則吉合中宮之生旺而本

方自為退煞則吉凶相半中宮之生旺方住之八財兩

旺中宮之煞方退方若本方自生自旺主人丁繁盛所

謂煞方偏喜去安床是也又如三碧屬木生亥旺卯孫

寅死午墓未絕申生旺方更得三白星加臨開門六事

大吉雖艮為煞氣而艮有寅祿甚為吉也至以方論則

以房床為主以房床之星入中順飛門戶竈廁擇其生

旺避其關煞六忌竈於房門相冲關若有冲剋可移其

一竈本紫白賦相傳為元無着大十著相宅如神但係

鈔本不無訛錯予為刪潤註釋錄之于左

紫白賦、

四一同宮准發科名之顯九七合轍常逢回祿之災二五
交加罹死亡並罹疾病三七疊至見刼盜更見官非此段
蓋四緣主科第之祥一白乃官星之慶下元歲在癸卯坎
宅之中宮發科上元歲在丙寅乾宅之三房入泮故秀士
赴擊布衣求榮占之各有其法而下僚思陞廢員復起作
之亦異其方第住宅以局方為主屠間以圖運為君三九
九六六三豈惟乾離震攀龍有慶而二五八之隙亦可蚤
三碧年九宅乾方及六巽五間之第二間九紫年六宅震方及十
擊離方及入巽九間之第五間六白年三宅震方及十

九間之第八間一七七四四一豈但艮坤中附鳳為嘉而

但四一同宮

四七一之房均堪振羽

七間之第七間四綠年一第四間七赤年四宅坤方及八綠之

及四綠三間之第一間四一一宅中宮八二二五五八固在兌

巽坎登榮足樂宅大利非單論通團大勢排算方位論某年某方之

一在巽方之宅五黃年八白山四一在坎方之宅

黑年八白山一四俱在兌方之宅

六九之屋俱足顯名此論層數之屋幾進幾層也入白年三

坤宅第九進四一同宮推之八六則文事參軍異途擢用

進五黃年艮宅第六進坤宅二黑年艮宅從後直數至第三

六八則武科發跡韜畧榮身亦數有固然而事非倖致也

此段中明若夫九紫為後天火星七赤乃先天火數旺宜

科名之應

單遇勤始為殺殺處重逢靜亦肆虐或為廉貞五並至或

為都天殺戊己加臨雖有動靜之分均以火災為患是故亥

壬方之水路宜通閉之則登時作崇右弼方之池塘可鑿

塽之則隨于生殺廟宇刷紅在九紫煞方尚遭瘟火樓臺

鮮艷當七赤旺地豈免炎災造高塔於火宮建岑樓于煞

地但值二星同到必然萬室俱焚回祿之應此段甲明是以五黃正

絲不拘臨方到䖏常損人口二黑病符無論小運流年多

生瘟疾五主孕婦受厄出霜孀婦于黃遇黑時二主宅母罹

凶出辭夫在黑逢黃至黑是陰壓陽出寡婦黑加黃是陽

壁陰出運如巳退廉貞到處遭殃運若未交巨門會時婦
解夫故九紫雖司喜氣而六會九則長房血疾七九之會尤
咎故九紫雖司喜氣而八會四則小口損生三入之會更禍
凶四六固掌文昌而八會四則小口損生三入之會更禍
木剋從此類推確有實驗此段申明夭死夫蚩尤碧爲關狼
之神彼軍尤亦肅殺之象故交劍殺七赤遇與逢剋惊關
土從此類推確有實驗亡疾病之應
牛殺三碧遇起慈官非七逢三到生財豈識財多被盜三
過七臨成疾那知疾更招尤要圖剋盜急刑不可殺星遇
旺欲識延年卻病全在助瞳相親盜占非之應是知旺生
一過爲亨善瞳疊逢爲美八白逢縣是歡喜重來火生六

白遇輔星尊榮不死金土生欲求嗣續但眾生神加紫白之
星至論務藏祇宜旺氣在飛星之列二黑與八白齊飛而
昂源大進得九紫則瓜瓞緜綿三碧同一白莘此而丁口
頻添交二黑則倉箱濟濟先旺丁後旺財于中可見先旺
財後旺丁丁理易詳論吉徵蓋運與令星主二十年可
以參觀年與月猶宜並論方曜貴配山配局更配層星乃
佳間星必合山合局尤合方位巳乃吉木間得一白為生煞
八白星臨而丁添不肖剋回頭卜八臨遇三碧為財宮六白越
年至而訟累不休故遇殺未必可言殺須知殺化為權逢生

未可言生，猶恐生星受制，是殺旺須求生旺，造塔堆山，當于生方，加意而制殺，不如化煞，鐘樓鼓甬宜于化處施工。此叚詳言制化之法，要之在方論方，原有星官生剋之辨，復參以山之死生，層之退煞，局之旺衰，而方曜之得失始見。就間論間，原有圖書配合之殊，復參以山之父子，局之財官，層之恩難，而間星之制化半彰乎方層間之所，間以運審其氣衰氣旺，晦然其或吉或凶，如八卦乾卦屬金，九星二黑為土，此號星忠臣之善人，三層則木來剋土而財少，入兌局則星列生宮，二則人興，更逢九紫入木上之元斯

為得邊而○則併茂且主功名如河圖四間屬金洛書四

緣屬木此區刻書之局入兑方則文昌破體而山弧入坤

局則土重埋金而出竅若以一層入坎震之鄉始為得氣

而魁甲聯芳亦增人口此此段推論局為體山為用山為體 理數之川

運為川體用一元天地同前山為君層為臣間為君間為

臣君臣合德鬼神咸驚局雖交運而八宮六事亦懼廉貞

戊己頌陵山雖逢元而死地退方猶恐巡羅太歲泊宮天名巡羅

罪逢見益吉凶原由星判而降替實由運分局運輿屋運

敗以局為憑山運敗局運輒以局為斷發明星運之用啟

迪後來之賢。苟費精思自徵妙用。此段言疊凶殺

河圖一六水生旺。為文秀。為藝術為榜逢為聰明。剋煞為

浮侠為嫖客。婦為溺水。為漂蕩。一七火生旺。為横財為巨富。

為多女。剋煞為吐血。為墮胎。產難為天亡横禍三八木生

旺。為交官。為魁元。為多男。剋煞於為少亡。為自縊為縊死四

九金生旺。為巨富。為多男。為凶刃。義剋煞為刀兵。為自縊為

孤伶五十土生旺。為驟發。為多子。剋煞為瘟瘒。為孤孀為

衷亡。此層數之大畧也。五行臨關喜水金木。忌火土以火

士與廢靡等。不利久長故也。

洛書一白水為中男為魁首文章之祗生旺少年科而名
播四海、多生男子聰明智慧、剋煞刑妻瞎眼天亡飄溺二
黑土、生旺發田財旺人丁、不產文士止應武貴妻奪夫權
陰謀鄙吝剋煞寡母相傳產難刑耗腹疾惡瘡三碧木為
長男、生旺則祿豐孫與家創業貴監成名長房大旺剋煞、
癲魔哮病殘疾刑妻是非官訟四綠木為長女為文昌生
旺文章名世科甲聯芳女八容貌端妍姻姦黃族剋煞瘋
哮自縊婦女淫亂男于飄流酒色破家漸至絕滅五黃土
為戊己煞不論生剋俱凶宜安靜不宜動作年神並臨即

損人口○輕則災病○重則連喪○五數而止主季子昏迷二趣泉○

孟仲官訟淫亂○六白金爲老陽生旺威權震世武職勳貴

巨富多丁○剋煞刑妻孤獨寡母守家○七赤金爲少女生旺

發財旺丁○武途仕宦小房發福剋煞盜賊離鄉投軍橫死○

牢獄口舌火災損丁○八白土爲少男生旺孝義忠良富貴○

綿遠小房福洪○剋煞小口損傷瘟癀膨脹○九紫火爲中女

生旺文章科第驟至榮顯中房受蔭易興易廢剋煞吐血

瘋癲目疾產死○回祿官災

益陽姚諱教軻丞譔

甯郷　楊　墊方城　棻

　江　清學臣

　　　　　受業　族　元愷智泉

　　　　　　教忠楚堂校

　　　　　　孫振鸞礫山

陽宅總論

陽宅山谷城市不同山谷以巒頭為主而後宅法城市以

宅法為主而後巒頭山谷我所獨也城市人所同也山谷

以來龍定城市以街中定陽宅斷云前低後高世出英豪

前窄後寬得祿豖宦此要法也凡宅先看出外第一層之

大門次看主房門主房無定位屋脊高大者即是廚竈乃

養生之所尤宜與門主相生須得門生主主生竈更合宅

主之生命福元爲大吉男女正配爲延年男女相生爲天

醫生氣相剋者、剋陰損女剋陽損男宅有靜動變化四法

以一二層者爲靜宅看靜宅于天井正中下十字線將羅

盤放于正中線上定准屋向在某字屬某宮門在某字屬

某宮竈在某字屬某宮直斷吉凶萬無一錯動宅至五層

而止故番星止用正五行如巨門生武曲武曲生文曲文

曲生貪狼貪狼生廉貞廉貞生巨門之類六層至十層爲

參宅十一層至十五層為化宅番星宜用雙金雙木雙土

屋六層祇雙一層七層雙兩層八層雙三層惟木土金三

者雙之而水火獨單數益因八卦中木土金三者皆有陰

陽之分而水火無二故番星亦依之凡看動變化宅先在

大門內二門外院之正中下羅盤看大門在某宮某字或

屬東四宅或屬西四宅則門即定矣再至高大房院之正

中下羅盤用線牽至高大房門之正中看在某宮某字係

某宅主即定矣又于廚房院中下羅經看竈房門在某宮

某字或係東四竈或係西四竈則竈即定矣然後將門主

竈三者、看其榴生相剋以定吉凶三者平重衡署畧重廚

竈原其以祿爲主也若廚房有小院漏天者即下羅盤若

廚房前後有兩門即下兩羅盤各院佈各院之八卦分開

看、又合攏看總宜安生氣天醫延年三吉方最凶者五鬼

方如坎宅離門主上五鬼在艮宮門上五鬼在兌宮是也

其次六煞方動宅番星從大門上起游年順數至主房看

得何星即依是星從門上相生而進若門偏一邊如兌主

艮門即從艮上起遊年到震宮是六煞頭層墻即算六煞

水星二層生氣木依次生進

凡屋大門。如人之有口。自應正大當中不合方位亦吉但

砂水衝射。破碎有煞。亦宜避之宜築垣牆遮蔽另起門樓。

須擇來龍方。或來水方謂之生旺進氣極吉若朝對明淨

不犯黃泉八煞參用輔星挨星八宅周書門樓經自無不

利又作儀門步數宜單不宜雙自一步三步五步七步至

十三步吉每計四尺五寸為一步。自滴水簷前量起至立

門處止得單步自合公輸尺上吉星更參合紫白尺竹冠

尺元女尺子房尺尤妙至玉輦經天機木星不足信也

袁天罡門樓經

一質庫二絕體三橫材四刑獄五四禁六進田七食邑入

五龍九稱斗十欠債十一飯籮十二大耗起倒訣乾亥壬

子癸丑山逢蛇便起端艮寅甲山猴作路卯乙辰巽犬同

看巳丙午山猪放處坤申庚酉虎頭關丁未辛戌龍首是

順行十二走天干如艮寅甲山申上起質庫酉上絕體順

排以質庫橫財進田食邑五龍飯籮六方門路吉宜走天

干不宜地支○

公輸尺式

○財●病●離○義○官●刦●害○本

尺只八寸每寸比曲尺有一寸八分入寸該曲尺一尺四

寸四分

元女尺式　尺同（竹冠）

以今木匠曲尺八寸七分、分爲八節、每節爲一寸、每寸合

貪
・天家・天禍
○六財○官祿○孤獨・天敗○輔弼

曲尺一寸零八厘七毫五絲

曲尺式師紫尺

| 白 ・黑・三碧○綠・五黃○六白・赤○八白○紫 |

右尺十寸、每寸十分、今之木匠尺也、若造門須捜合公輪

尺上吉星、如單門二尺一寸壓一白、公輪尺合在義上一

尺八寸壓八白、公輪尺合在官上、雙門四尺四寸壓四綠

合公輪尺本上四尺三寸八分合、財上廣五尺六寸六分

壓一白六白俱合財字上吉更能參合元女尺子房尺尤

隹、

子房尺式

○脉　•字　•計　○土　○燕　○木　○羅　○火　○金

右尺以今曲尺八寸七分爲之分九節每節合曲尺九分

六厘六毫零○以上五家尺式量法俱從上至下從左至

右進退加減併合吉星爲妙。

竈位宜坐煞向生坐凶向吉作竈陽年向西陰作向南吉。

向東次吉惟向北凶宜向天干不宜向地支取土宜天月

德月財方竈貴幽闇恩門窗冲射竈門尤忌

門與竈須男女相配如坤門配乾竈為地天泰乾門配坤
竈為天地否坎門配巽竈為風水
渙震門離竈為豐離門
震竈為噬嗑震門巽竈為恒巽門
兌竈為損兌門艮竈為咸 金吉
上十竈 既濟未
濟眾大有夬履謙遯與家人屯剝貴臨解鼎萃坎離艮兌
震乾坤社吉凶相半
竈長七尺九寸上象北斗下應九州廣四尺象四時高三
尺象三才竈口濶六寸按六合高一尺二寸象十二時安
兩釜象日月突高八寸象八風

凡人家小兒難養久病不愈婚姻不遂宜安天醫竈再合宅主命宮天醫方安牀安竈口大吉功名不利家中貧苦宜安生氣竈以大門定生氣外生內更准更速男女壽短安延年竈必壽而富安大門之延年方主之天醫方極准鐵器另取新磚于門主之天生延三方作竈若與主命不合郤將竈口向主命之吉方安之亦吉但不如坎離震巽命門牀竈俱在坎離震巽乾坤艮兌命門牀竈俱在乾坤艮兌之為全吉也

凡家不利須將舊竈灰土傾之于河濱路口並棄原竈之

倉宜甲丙庚壬四向婆逆朝來水坐虛向寶不宜坐屋後

不可與屋同向倉前放水不可流破財祿方甲向祿在寅

財在辰丙向祿在巳財在未庚向祿在申財在戌壬向祿

在亥財在丑來吉去凶倉門宜高六尺零八寸二分潤宜

二尺零四寸二分高低廣狹俱宜按紫白尺之二黑星則

鼠不侵作倉之時忌嚙諸物及銜墨斗錢于口忌著草鞋

人內合此自吉碓磑宜青龍方本山生旺祿位忌白虎方

碓頭宜向外

穿井在本山生旺之位流泉則大冉合來龍更吉乾甲山

屬金生巳○旺酉○東西龍巳酉吉○南北龍巳

屬土生申○旺子○東西龍申子吉○南北龍

屬土生申○旺子○東龍申子丑進橫財○西

龍、子吉申凶○巽辛山屬木○生亥○旺卯○西

亥吉卯少亡○東北龍卯、震庚亥未山屬木○生

南龍卯吉亥凶○西北龍亥吉卯凶○離壬寅戌山屬火○生寅

旺午○東龍十二步寅吉午平○西龍十八步午吉寅

午吉寅凶○北龍寅吉○以上十六山俱八九尺中有泉坎癸

申辰山屬水○生申○旺子○東龍申子辰俱吉○西龍申吉子凶

南龍子最吉北龍辰壮主進橫城兑子巳丑山屬金生巳

旺酉東龍巳酉吉西龍酉最吉南龍巳酉俱不吉北龍辰

井有橫財艮寅卯乙辰係東龍坤申庚酉辛戌係西龍

巽巳丙午丁未係南龍乾亥壬子癸丑係北龍

郭景純金鏡圖歌訣

一德宜養馬三台豬位強牛屋奇羅妙紫炁好安羊貪狼

雞鴨盛太陽通用艮刀兵等凶位六畜定遭殃

乾巽坎離納卦并所十二山壬丙狼子午陽吉可安乙辛炁坤

艮羅皆吉位甲庚兵卯酉砧寶難堪丁癸豺狼居不得乾

巽虎豹寶為魁坤艮震兌並所十二位甲庚卯酉吉星會

乾巽奇羅吉可居紫燕吉星屬丁癸壬丙兵子午�+凶莫

言乙辛豺狼坤艮虎凶宜避寅申狐巳亥血並皆凶辰戌德一

丑未台並皆貴　用赤道新尺鬚到生旺砂方更準

天井放水歌訣

決溝折放有真機須向天干忌四隅十二支神君莫犯陽

山依舊折陽渠陰龍伊折陰干水莫向陽干說是非若是

脫龍並就局陰陽順配勿猜疑辛丁癸吉切忌支上放出

若寅申巳亥名為四隅若天井有前後須用小元空

法出小神八中神中神入大神曲折轉出法規前

衙署大堂地基宜高兩旁開門名四獸張口多出命案兩

頭不宜有小房儀門內煖閣邊不宜立碑石主口舌後堂

大房外不宜修一間小屋在中為披髮房主天兩邊為燕

尾房主淫邊有邊無為單肘房主小人暗算大堂前有碑

對立名左右執笏照牆及兩邊均宜高大更鼓樓宜巳

亥方不可安辰戌丑未方城隍宜井鬼方辰戌子午方監

獄宜安七赤方坐西向東吉監內東房廣大西房低小主

犯人順利

家居不可用于午正向祠堂宜建三吉六秀方文筆書房

宜建本山官祿方乾甲山辛為官坤乙山庚為官坎癸申

辰山戌為官艮丙山癸為官巽辛山丙為官兌丁巳丑山

壬為官離壬寅戌山巳為官震庚亥未山丁為官甲山祿

到寅巳為文昌方乙山祿到卯于為文昌加俱可又巽辛

為天乙貴人甲乙掌圖書亦吉厠所安吉方多病宜安五

鬼六絕方甲丙庚壬乙辛丁癸辰戌丑未方亦可

益陽歲貢生姚炳奎著

男候補守府明亮參

孫五品銜振鸞校

洪範大五行說

甲寅辰巽大江水戌坎辛申水一同艮震巳山原屬木離
壬丙乙火為宗兌丁乾亥金生處丑癸坤庚未土中此洪
範五行也晉趙載註郭氏元經山家五行篇不用正五行
而用洪範可見相傳已外謂始于唐一行師養亥也元無

蓍大士著紫白賦原本連山洪範論以洛書方位生成奇

耦之數定五行而分吉凶亦皆引而不發葉氏泰謂為先

天之氣其註亦多支離惟協紀解之甚精其說曰葬藏于

土而土氣之生死在水故論正五行止有水土二行其金

山火山木山云者皆言其形似而非真也故洪範五行水

居八而土居五為數獨多坎水、離火、兌金、震木、乾金坤土

不變其餘皆變然亦各從其方位實有之五行而挨其隣

元之義要亦不得謂之變也艮統丑寅其方為木之始氣

故為木巽統辰巳其方為水之尾閭故為水然艮方木土

也巽方本木也故丑為土而已為木震統甲乙兌統庚辛

木金之全局也震為木木之為行也其滋膏皆水而上氣

皆火也是故始于水而終于火其始必由雨露之澤焉其

終往往出火以自焚故甲水而乙火也水者震之所以為

所際山水土相比久而成石石乃生金金生而泉發是故

龍也火者震之所以為雷也兌為金金之為行也水土之

始于土而終于水其始必土其終必水故庚為土而辛為

水其土也兌之所以為剛鹵也其水也兌之所以為澤也

坎統壬癸離統丙丁水火之全局也坎為水四獸北方有

兩龜為水而蛇為火是以壬納于離水又比于土地中之
水離地即失其性癸地中之水也故壬為火而癸為土離
為火火能成金無火則金終埋于土是以丁為庚夫而兌
納丁丙者曰也八干之中唯丙當與乾坤同例故丙為火
而丁為金曰月與乾坤同而專言曰者辛為月月為水辛
固水也若夫寅之為水則以地不滿東南自折木之津以
達于巽之地戶皆積水之區所為尾閭洩之不知何時已
者也故寅甲辰巽皆水也若夫亥之為金也則以天不滿
普北自少昊之墟以至于亥之天門皆積山之區山者石

而在者金故兌乾亥皆金也金積畜于西北而水盛于東南

德為百川之朝宗而河為之源焉蔡川所以先河後海也

河源出于崑崙戌位也故戌為水也史記天官書曰雲漢

者其木水河圖括地象曰河精為天漢唐書天文志曰北

斗自乾攜畢為天綱雲漢自坤抵畢為地紀然則寅申者

水之終始也故寅為水而申亦水也要而論之皆幽元之

義實有之理而非或變或不變任人造作者也又儲淶祕

疑說曰夫五臟皆一而腎獨有二左為腎而藏精右為命

而藏氣神依氣立故曰神門配壬于之水是以人之精敗

者必左癱氣敗者必右瘓兩腎各有所主故其病各有所
歸壬子一位也子屬水而壬屬火左腎配子右腎配壬子
水為犒壬火為神五臟猶五行也六腑猶六神也甲乙配
青龍丙丁配朱雀庚辛配白虎壬癸配元武戊配勾陳巳
配騰蛇䭬坎水納戊離火納壬故五行而有六神猶五臟
而有六腑壬火丁水之說近取諸身理尤明甚

鐸長老洪範五行砂法

凡建立邦國郡縣及大地墳宅以洪範察其到頭之五行
從四長生位起三十八將內十七將長生位為傳送外二

十一將長生位爲金匱內將就內一層闢外將就內一層

外合三重而闢惟內將天刦地刦刑刦地兵外將白虎眞

武爲不吉欲砂平遠低下與眾山相等不可獨高餘以山

勢高聳重疊朝拱有情者爲子孫忠孝單薄低陷高險射

摩者不足也若水破其方如傳送王破財各以類應內惟

地戶方宜水破餘以相聯不斷爲佳如杭城坤申水土龍

四辛方爲文曲艮寅方爲廉貞其方係半山半山面向東

北反背杭城在內從官國主宰相之職傅伯通斷云文曲

多山俗尚虛浮廉貞媒主大臣持柄其後果出秦檜賈似

道葬其周七曜訣云○大墓屬破軍絕胎係祿存養生貪狼
位○沐浴冠帶文武曲臨官旺逢衰是巨門廉貞兼病死七
曜一齊分○

内十七將木局定位

傳送亥伏尸子小墓丑穀將艮始生甲天倉辰天柱巽功
曹巳官國丙冠帶午大墓未勾陳坤沐浴庚天剋酉刑剋
辛地剋戌地戶乾

内將火局定位

傳送寅伏尸卯小墓辰穀將巽始生丙天倉未天柱坤功

甲申官國庚 冠帶酉 大墓戌 勾陳乾 沐浴壬 天刦子 刑刦

癸地刦丑地戶艮

內將金局定位

傳送巳伏尸午小墓未 穀將坤 始生庚 天倉戌 天柱乾功

曹亥官國壬冠帶子大墓丑 勾陳艮 沐浴甲 天刦卯 刑刦

乙地刦辰地戶巽

丙將水土局定位

傳癸申伏尸酉小墓戌 穀將乾 始生壬 天倉丑 天柱艮功

辟寅官國甲冠帶卯大墓辰 勾陳巽 沐浴丙 天刦午 刑刦

外二十一將木局定位

金匱亥尋山于大德于生氣子丁庚北綬山丑玉堂丑青

寵卯陽氣卯未雀巽天門巽鈎鎖丙司命午死氣午行廊

未印山木白虎酉陰氣酉天牢戌真武乾華蓋乾

外將火局定位

金匱寅尋山卯大德卯生氣卯丁坎辰綬山辰玉堂辰青

寵午陽氣午朱雀坤天門坤鈎鎖庚司命酉死氣酉行廊

戌印山戌白虎于陰氣于天牢北真武艮華蓋艮

外將金局定位

金匱巳筹山下　大德午　生氣午丁戾未　綏山未玉堂未青

龍酉陽氣酉　朱雀乾天門乾　鈎鎖壬司命丁死氣子行廊

印山丑白虎卯陰氣卯　天牢辰眞武巽華盖巽

外將水土局定位

金匱申筹山酉　大德酉　生氣酉丁戾戌　綏山戌玉堂戌青

龍子陽氣子米雀艮　天門艮鈎鎖甲司命卯死氣卯行廊

辰印山辰白虎午陰氣午　天牢未眞武坤華盖坤

生方曰傳送上丁財病方曰官國主官貴冠前卦曰穀將

主倉庫衰前之位爲天柱主壽命墓前之位曰勾陳主子

孫忠孝絶胎二宮曰宗廟水出此則貴吳公五爻太乙宮中

二水并歸元洞此累世公侯之地太乙即絶位也天柱穀

將、勾陳地戶皆在四維催官篇曰催官之砂維四方雲霄

屹立官爵弱玉尺曰天柱發四維之氣功名唾手可成皆

得洪範之妙用也又伏尸主六畜蠶絲奴婢小兒小墓主

容貌始生主人丁天倉主身體功曹主女紂大墓主墳財

冠帶主耳目沐浴主產業天刧主盜賊刑刧主刑獄地刧

主刀兵耳目編地戶主妖怪疾病上四將若山高廻射刑傷

不免金匱主外財在傳送外一重夠山主官職在伏尸外
一電大德主文章科第在伏尸外二重生氣主人口在伏
尸外三重了戾主婦女在小墓外一重吉則男得美婦女
得賢婿綬山主印綬在小墓外二重玉堂主姻戚在小墓
外三重青龍主音律此位無內將水破主口訥陽氣主男
在青龍外一重朱雀主支詞憔幹在天柱外一重天門主
技藝在冠帶外一重死氣主官廳在冠帶外二重行廊主
信行在天柱外二重鉤鎖主攀援在官國外一重司命主
壻壽在大墓外一重印山主印綬在大墓外二重白虎主

威贍在天剋外一重陰氣主女命在天剋外二重天牢主

禮法在地剋外一重真武主氣量在地戶外一重華益主

尻舍在地戶外二重白虎廻射名白虎唧尸主有極刑真

武廻射主有毒死華益以特起為吉若連生氣金匱亦吉

連白虎陰氣主火災陽氣陰氣山相等則室家和順若陽

凌陰陰凌陽主不勝

三元指迷賦

兩大瀰淪本生戌于河洛一二元闔闢參化機于陰陽金龍

起伏自金來正是一家之真脈乾神生動開乾宂要在六

白之當時喜坎水以貼身須巽木以配對午宮發曜必生

不肖之兒兌位入離定主死亡之厄若艮土以混雜雖生

乾而寶傷乎乾偏坤土以相生是先巽而後亦向巽誰謂

巽木為乾金所損剋豈知乾金得震木而器成離為破軍

雖曰九紫之吉曜偏然不吉兌亦金宿即云一時之旺辰

反為不旺乾山單來一二節必主獨夫亥脈相隨兩三重

大發俊秀此乃乾時之令節抑亦巽源之對臨也彼夫坎

龍北來離源南至怕乾艮之雜過虞坤巽以兼加華益酉

重重出龍埠丁而亦忌鳳閣艮簪簪並龍樓乾而益榮筭

恐天殺未兼天罡辰巳非時巾之局雖有將軍卯連玉印

申猶是卦外之辰緬坎癸之騰脈人文匹盛溯離丁之滾

滾富有倉箱得乾金以相生斯科甲之熖發此老陰老陽

之對待眞得時失時之倏關也束北所上一條龍西南向

中二宮水剋殺庚辰莫從外九玉葉亥母許旁來帝座于排

武曲巽之辰逢六白而登科有待贊益坤臨破軍艮之滋

當七赤而發甲無疑倘得四水之交加應許百福之駢至

地峯坤高聳狀元可期黑水坤獨朝巨富無比雜離火以

破格婦女居孀混庚金而過堂少男失配兌山迢迢無駛

突窠雞水洋洋可樂饒少陰少陽將軍得華益而并美目

當旦貴倉箱偕旌節而增輝愛九紫離于左扃八賀龍頭

之屬老得八白長于右畔登虎榜以成仙乾父齊來莫

攜坎男并至兌兒兼八最怕巽女同情允矣上元之佳城

卓哉天三之令宅龍來武曲巽休帶破軍之星穴朝文源

乾母兼夬殺未之水金箱寅偕帝輦午而拱熙龍樓乾齊

鳳閣艮而灤洄九宮内勿以七爲榮四綠時宜以六其濟

一白非吉最忌連八白而人乾二黑爲凶尤嫌帶七赤而

出成此固中元之得半亦卽上元之吉長也老陽老陰坎

離乃六子之宗祖分夫分地午子為八卦之樞機龍莫雜

以巽坤水勿混于乾艮臺朝山之登翠愛堂局之端嚴震

巽若流坎宫雖過丑而無害子癸八子乾位即極盛而漸

衰風入水水入風坎出巽財名雙美地出雷霆出地坤卯

坤出富貴兩兼滾滾坎來當六白而愈顯科第源源坤至逢

七赤而更發書香震乃八白之根萬巽亦九紫之扼要若

乃龍從坤入自應水要艮來三碧與二白齊飛斷定衰敗

之莫救九紫兼七赤並到其美科第之堪詩山峯艮聳出

雲端三元傍發水源坎獨作堂奧萬畝田盈勢必地脈之

清純豈但當年之令運吾見西山擺佈大起圓秀之星東
水澄清長流曲折之間此固少陽少陰之配豔亦即大丁
大財之發皇也然而乾兌本是一家由亥而戌隨其出脈
以立向震巽無分兩路自甲而乙仍憑發源以朝宗特恩
山艮出雷震而不満必損聰明之子最要地坤得水坎以
還照乃發成立之見是知廢興關乎水情榮枯本于元運
既得血脈之不爽自然發福之無休矣

　雜卦水斷

坎亥女死丑男丁　艮癸淫賊甲貧躬　震巽內破寅傷

婦○離未男亡巳女刑　坤雜庚窮丁貧賊○　兌乾申女

破財○人○王○

八卦之水惟坎離坤艮易犯爽雜如坤向兌水夫離必病

目七赤時離到坤有火災離水去兌主小兒俱唇女人血

疾艮向見坎震水兄弟不睦坎水去震震水去坎叔嫂搆

訟坎向有乾艮水父子兄弟不協若乾艮水交合出坎室

家不順主僕宣淫離向有巽水女傷而男貧見坤水母女

俱厄竅母起家若坤巽並出離宮則中女竊居長女與老

卧並受中女之害姑媳訴諍男八損目之嗣

先天八卦斷

乾居後天之南而為老陽故乾旺時而離門可開坤居後
天之北而為老陰故坤旺時而坎門可開乾坤生六子列
于父母之旁固先天之定位亦即先天之定數也斷法須
看後天形勢合先天數以斷之

乾為首即後天之離離上有河口反弓七丫八叉墩埠破
碎閉塞主出僧道打造金銀染作工匠及禿髮頭風目疾
癥瘤隆胎產難如有拖刀形主因淫邪斬首在午位為老
父偏丙為男偏丁為婦失令之時即見淫佚敗絕此離方

之斷也。

兌為口即後天之巽巽方砂水員秀開面主出文人學士。

否則主口病齒痛或大舌或口乞或齙嘴或喑啞隨其形

象斷之中巽位為少女偏巳為男偏辰為婦得令之時砂

水尖躰主出尖嘴尖臉好說是非或出師巫若破碎似臥

倒之狀者主羊頭瘋似斷折之狀者主肢體毀折失令之

時則直斷其出盜賊而致死若反逆鈎抱者主作賊斬絞

自縊大約乾坤艮巽四卦與寅申巳亥之河浜鈎絞者俱

主投環縊死辰戌丑未之河浜鈎絞者俱主作賊絞罪逆

反反弓者俱主作賊欲頭此巽方之斷也

離為目、即後天之震、震方有浜口箭射砂腳反弓、墩埠破

碎主眼疾、氣滿龜背駝腰淫慾墮胎且主變童如有遠水

在失令方之外洋等處飄飄渺渺若浮若沈主出短視女

人淫奔隨其形象斷之在卯位為中女偏甲為男偏乙為

女得令之時只斷其目疾而已此震方之斷也

震為足、即後天之艮艮方有墩埠河汊丫叉射穴者主折

腳風癱不能行走如有砂及小浜直沖而來又復反弓而

去主兩足反生隨其形象斷之在艮位為長男偏丑為婦

偏寅為男得令之時只主腳疾○失令則直斷其因腳疾致

死○且出倅童以震為龍為大塗也此艮方之斷也○

巽為股郎後天之坤坤方有砂腳近口如箭沖射主失股

癱瘓○或生惡毒水港道路如繩索主出木匠工後墩埠破

碎主出禿子若填塞水口俾水飄渺隱約主出白眼潤顙○

如有畚窖牛池污穢土出狐腋臭并口臭此之屬隨其形象

而斷在坤位為中女偏甲為男偏未為婦失令之時直斷

其因股疾致死且出雞姦下賤此坤方之斷也

坎為耳郎後天之兌兌方墩埠閉塞河汊丁叉砂腳破碎

尖利冲射者主耳痛耳聾耳壟或吐血心病反豬頭瘋等

症並出盜賊坎爲耳爲溝瀆隨其形象而斷在酉位爲中

男左庚兌右辛女失令之時直斷其淫慾下賤因血病耳

瘄致斃跂產難溺水盜賊此兌方之斷也

凡爲手卽後天之乾乾方有河口反弓砂鄉墩埠丫叉冲

射主有手病或折手癱手或缺指多指得令之時雖巨富

顯貴亦出駢指折肱之人失令則出鼠竊狗偷穿窬高手

若有類于繩索者主絞罪自縊等事隨其形象而斷在乾

位爲少男偏亥爲男偏戌爲婦此乾方之斷也

坤為腹即後天之坎坎方有砂水尖利直射反弓主腹疾
心痛盡脹血崩墮胎產難等事隨其形象而斷在子位為
老母偏癸為婦偏壬為奴得令之時只斷腹疾且出熔爐
造治之八失令之時直斷其淫邪下賤此坎方之斷也

以上先天後天相見形狀斷決陰宅則自穴上看其四
面陽宅則內外門路房間同斷

易卦取象歌

豫取重門司擊柝取諸太過為棺槨宮室大壯弧矢睽綱
密離兮市臨陸舟楫渙兮車馬隨利取益分未耒斷乾坤

衣裳大書契杵臼曰之與屬小過

乾象

乾健君父首天圜金玉寒冰大赤兼瘠駁老良四馬其木○果龍直衣與言○富為大為頂為戎為武○又為郊為帶為旋為知為

坎象

坎為溝瀆耳弓輪隱伏矯輮加憂人心病耳痛血目赤為○又為月通為曳為陷馬美脊薄蹄下首與亟心桎梏○與多青盜

艮象

蒺藜狐叢棘木堅多心棟律窗○又為矢為五為涕為洟堅○為孕為酒為臀為涯為河

艮男閽寺鼻指手狐鼠黔喙虎與狗山徑小石門闕涎果菰多節木形醜。又爲牀爲搖爲終爲宅爲廬爲邱爲篤爲章爲尾

震象

震動足車元黃龍大塗決躁稼反生長子竹葦蕃鮮健篲足的顙馬善鳴。又爲玉爲鵠爲鼓爲青爲升躋爲奮爲官圍爲春耕爲筐爲老爲東

巽象

巽女雜股繩直類工白長高入進退寡髮廣顙白眼多不果臭躁市三倍。又爲楊爲鸛爲魚爲浚爲草茅爲宮人爲老婦爲命爲四

離象

離女目火日麗電甲胄兵戈大腹見魚鱉蟹蚌雉牝牛為

為歌為號為墉為城為南為不育為書

為戈為士為苦為朱為三為焚為泣

科上稿木形變

坤象

坤腹母裳布帛囊子母牛兮地黑黃吝嗇均順文眾柄大

又為末為小為能

興牝迷方釜漿為明為尸為敦

兌象

兌少女兮巫口舌地屬剛鹵羊與妾毀折附決輔頻常良

又為笑為九為食為跛

又為澤為眠為西為譽為鶴

此兌說本為澤為眠為西為譽為鶴

同治新曆二十八宿量天尺過宮度數

虛八危室亥上行

室八壁奎八戌宮　奎十婁胃昴二

酉　昴畢觜參皆入申　未參八兮井廿六　井鬼柳星

午上存　星五張翌巳宮是　翌八軫角是辰星　角八

亢氐原屬卯　氐十六房心尾寅　丑在箕一斗廿一。

斗牛女虛于上終。

范名廷二十八刲歌訣

乾卯亥乙與壬申子巳及辰艮丁寅未甲上丙卯

丁乙甲辰未尋與癸巳酉丙辛上午酉丁寅未癸輪坤乙

申癸庚是午酉寅辛丑戌丑凶

砂法公位

宮位一男都管定兩房左六長房承。前後右邊皆屬小此

處偏枯大不匀。世四位長六三子左長右三定朝坐皆歸

仲一人仲十二位。六子都依何次序左邊盂後四前程。

六在右前三右後二分朝案五主星。一四三六各得三位

向艮寅甲爲內青龍屬長卯乙辰爲外白虎龍屬四至空

乾戌辛是內白虎三管酉庚申是外青龍屬四至空絕

長右絕右朝坐空曠二五零如龍全曠朝偏左長四吊來

作龍星朝山空遠龍邊案亥男亦吊作朝屏三六二五相

吊法依兹變擬莫衆論。

水法公位
Col2: 水法一男專管向。兩房長右欠左分三房都又依何辜孟
Col3: 白仲青季向存曾見青龍砂甚好右邊惡水長凋零鞫由
Col4: 與坐砂非妙長絕原該仲吊承

放水公位
八十四維流皆青岩放支辰作即凶乾坤艮巽須發長寅
申巳亥長伶仃甲庚丙壬中男發子午卯酉中男殺乙辛
丁癸少男強辰戌丑未少男殀
凹風斷

Header top right: 心一堂術數古籍珍本叢刊 堪輿類
三〇八

水法公位

水法一男專管向。兩房長右欠左分三房都又依何辜孟

白仲青季向存曾見青龍砂甚好右邊惡水長凋零鞫由

與坐砂非妙長絕原該仲吊承

放水公位

八十四維流皆青岩放支辰作即凶乾坤艮巽須發長寅

申巳亥長伶仃甲庚丙壬中男發子午卯酉中男殺乙辛

丁癸少男強辰戌丑未少男殀

凹風斷

乾乘巽射主離鄰坎上吹噓水路亡艮上虎狼欺巳魍震

奴斯主任飛颺巽風口舌兼疾病離凹風來回祿魂坤風

飄露主絕嗣兌遭瘟疫叉兵傷

白蟻斷

乾坤艮巽四山岡切忌辰戌丑未方辰戌丑未四坐山切

忌甲庚壬丙閏甲庚壬丙四山龍切忌午于卯酉中子午

卯酉四山扞切忌乾坤艮巽邊寅申巳亥四山基乙辛丁

癸最不宜乙辛丁癸四山堂寅申巳亥忌相當風水路塌

俱有得定招白蟻入家房

何知人家有白蟻只凶蓄水不通情乾甲二山嫌丑巳又

妨積水在兌丁坤乙二山嫌艮丙艮丙又妨坤乙侵巽辛

二山何所忌水嫌坎癸及甲辰兌丁巳丑四山上最怕乾

甲水來停震庚亥未山頭忌離壬寅戌莫相親離壬寅戌

對宮是坎癸甲辰嫌巽辛

治白蟻法

凡治蟻先看蟻身形色以辨風水缺陷如放水失度其蟻

色白腹大自內食至外自下食至上放過吉水自除溝水

失宜或阻塞不通其蟻身長嘴硬亦自內而外自下而上

即于溝水或開或填以除之若因傾倒墻垣起折旁屋發
西風吹却其蟻必黑自上而下自外而内須加減墻屋栽
櫃樹木以除之又或因塘窟積水在于午卯酉等方遠遠
照破名曰曜水其蟻身白嘴黃有翼腹下有一量亦自上
食下自外食肉每食樓房箱籠衣服等物多從五月飛出
須于二三月水滿時用羅盤格清惡處填改之即除又有
因當日修造犯火羅而生者其蟻屬火㰸紅宜取火羅死
絕之日水呈得令之時及受死月煞閉除酉亥暗金伏斷
一白到方等日用木匠曲尺在白蟻處量至四尺九寸即

止將斧頭在止處打四十九下大聲喝聲眾皆齊應如起

屋狀陰宅在寅位上取土逾及他處法如前節止時師或

丁冬月蟻歸土時尋蟻路取之每至數桶之多然治未除

根終當復起非法也

止鬼祟盜賊法

乾為天門坤為地戶巽為八門艮為鬼路甲為陽門庚為

賊路內為端門壬為後路凡患祟者或艮方修造不時門

路陰暗風吹水劫患盜者或庚方修造不時門路陰暗風

吹水劫須擇太陽火星貴人三奇紫白斗柄建方本山生

旺年月父天狗日滿日修之郎出

納甲說

焦氏循曰納甲之決始見于京房易傳其以六卦直月候
明魄死生陰陽消息與先大圖有相似如魏伯陽參同契
中所陳卽其說也參同契曰三日出為爽震庚受西方八
日兌受丁上弦平如繩十五乾體就盛滿甲東方七八道
已訖屈折低下降十六轉就統巽辛見平明艮直子丙南
下弦二十三坤乙三十日東北喪其朋節盡相禪與繼體
復生龍壬癸配甲乙乾坤括始終朱子以為郎先天之傳

心一堂術數古籍珍本叢刊　堪輿類

孔子之後諸儒失之而方外之流密相付授以爲丹竈之

術耳按其說以月三日生明始受一陽之光有震象昏時

見于庚方故震納庚八日上弦受二陽之光有兌象昏時

見于丁方故兌納丁十五望日全受日光有乾象昏時見

于甲方故乾納甲十六日始受一陰有巽象平旦沒于辛

方故巽納辛二十三日下弦受二陰有艮象平旦沒于丙

方故艮納丙三十日晦于乙方有坤象故坤納乙坎戊爲

月精離己爲日光壬癸納甲乙爲乾坤始終所謂以日月

爲易出入又火珠林卜決乾在內卦則爲甲而納子寅辰如

初九爲甲子九二爲甲寅九三爲甲辰也在外卦則爲壬
而納午申戌如九四爲壬午九五爲壬申上九爲壬戌也
凡坤在內卦則爲乙而納未巳卯如初六爲乙未六二爲
乙巳六三爲乙卯也在外卦則爲癸而納丑亥酉如六四
爲癸丑六五爲癸亥上六爲癸酉也因乾坤各納兩干故
別爲兩外二卦若震止納庚則初九爲庚子六二爲庚寅
六三爲庚辰九四爲庚午六五爲庚申上六爲庚戌巽止
納辛則初六爲辛丑九二爲辛亥九三爲辛酉六四爲辛
未九五爲辛巳上九爲辛卯坎離艮兌四卦依震巽例推

之惠氏棟入卦之數圖謂二十日日月會于壬滅藏于癸

故離納壬坎納癸虞氏注易繫辭云晦夕旦朔坎象流戊

故坎納戊日中則離離象就己故離納己戊己位十象見

于中日月相推而明生焉故懸象著明莫大乎月月

納音說

沈括曰六十甲子有納音蓋六十律旋相為宮法也一律

含五音十二律綱六十音也瑞桂堂眼錄曰六十納音以

金木水火土之音而明之也一六為水二七為火三八為

木四九為金五十為土然五行之中惟金木有自然之音

水火土必相假而後成音○盖水假土○火假水○土假火故金
音四九○木音三八○水音五十○火音一六○土音二七○此不易
之論也○何以言之○甲己子午九也○乙庚丑未八也○丙辛寅
申之丑○丁壬卯酉六也○戊癸辰戌五也○巳亥四也○甲子乙
北方數三十有四○四者金之音也故曰金○戊辰己巳其數
二子者三者木之音也故曰木○庚午辛未其數三十
二三者火也土以火為音故曰土○甲申乙酉其數三十有
者土也水以土為音故曰水○戊子己丑其數三十有一
者木也火以水為音故曰火○六十甲子莫不皆然按揚雄

太元經曰子午之數九丑未八寅申七卯酉六辰戌五巳

亥四故律四十二呂三十六並律呂之數或還或否凡七

十有八黃鐘之數立爲其以爲度也皆生黃鐘又曰甲己

之數九乙庚八丙辛七丁壬六戊癸五聲生于日律生子

辰聲以情質律以和聲聲律相協而入音生歷代以來宗

之謂之先天之學

朱子曰樂聲是土金木火水洪範是水火木金土蓋納音

者以干支分配于五音而本音所生之五行即爲其干支

所納之音也初一宮商角徵羽納甲丙戊庚壬係以五寸

而隨以五丑宮得甲子商得丙子角得戊子徵得庚子羽

得壬子宮爲土土生金故甲子乙丑納音金商爲金生

水故丙子丁丑納音水角爲木木生火故戊子己丑納音

火徵爲火火生土故庚子辛丑納音土羽爲水水生木故

壬子癸丑納音木次二商角徵羽宮納甲丙戊庚壬係以

五寅而隨以五卯商金得甲寅乙卯納音水角爲木得丙寅

丁卯納音火徵火得戊寅己卯納音土羽水得庚寅辛卯

納音木宮土得壬寅癸卯納音金次三角徵羽宮商納甲

丙戊庚壬係以五辰而隨以五巳爲木得甲辰乙巳納音

火徵火得丙辰丁巳納音土羽水得戊辰己巳納音木宮

土得庚辰辛巳納音金商金得壬辰癸巳納音木以上六

州得其半納音小成灾四復以宮商角徵羽納甲丙戊庚

壬係以五午而隨以五未宮土得甲午乙未納音金商金

得丙午丁未納音水角木得戊午己未納音火徵火得庚

午辛未納音土羽水得壬午癸未納音木宮

徵羽宮納甲丙戊庚壬係以五申而隨以五酉商金得甲

申乙酉納音水角木得丙申丁酉納音火徵火得戊申己

西納音土羽水得庚申辛酉納音木宮土得壬申癸酉納

黃金炎於復胎前徵羽宫商納理陽收卯丑鎮則旺戌而

隨以五亥而不得甲戌乙亥

音土羽水得戊戌己亥納音木宫土得庚戌辛亥納音金

商金得壬戌癸亥納音水於是六甲全而納音大成矣陽

生于子自甲子以至癸巳陰生于午自甲午以至癸亥故

三十而復從宫起宫君商臣角民皆人道也故皆可以爲

首徵事羽物皆人所用也故不可以爲首是以三甲終而

復始于宫干爲天支爲地音爲人三才之五行備矣

陶宗儀曰甲子乙丑海中金者子屬水又爲湖又爲水旺

之地兼金死于子墓于丑水旺而金死墓故曰海中金也

丙寅丁卯爐中火者寅爲三陽卯爲四陽火既得地又得

寅卯之木以生之此時天地開鑪萬物始生故曰鑪中火

也戊辰己巳大林木者辰爲原野巳爲六陽木至六陽則

枝榮葉茂以茂盛之木而在原野之間故曰大林木也庚

午辛未路傍土者未中之木而生午位之旺火火旺則土

焦未能育物猶路傍土若也故曰路傍土也壬申癸酉劍

鋒金者申酉金之正位兼臨官申帝旺酉金既生旺則成

剛矛剛與無蹤于劍鋒故曰劍鋒金也甲戌乙亥山頭火

難成亥為天門火照天門其光至高故曰山頭火也丙子

丁丑澗下水者水旺于子衰于丑旺而反衰則不能為江

河故曰澗下水也戊寅己卯城頭土者天干戊己屬土寅

為艮山土積而為山故曰城頭土也庚辰辛巳白鑞金者

金養于辰生于巳形質初成未能堅利故曰白鑞金也壬

午癸未楊柳木者木死於午墓于未木既死墓雖得天干

壬癸之水以生之終是衰弱故曰楊柳木也甲申乙酉井

泉水者金臨官申帝旺酉金既生旺則水出以生然方生

之際力量未洪故曰井泉水也丙戌丁亥屋上土者丙丁

屬火戊亥為天門火既炎上則土非在下而生故曰屋上

土也戊子己丑霹靂火者丑屬土子屬水水居正位而納

音乃火水中之火非龍神則無故曰霹靂火也庚寅辛卯

松柏木者木臨官帝旺卯木既生旺則非柔弱之比故

曰松柏木也壬辰癸巳長流水者辰為水庫巳為金長生

之地金生則水性已存以庫水而逢生金則泉源終不竭

故曰長流水也甲午乙未砂石金者午為火旺之地火旺

則金敗未為火衰之地火衰則金冠帶敗而方冠帶未能

盛滿故曰砂石金也丙申丁酉山下火者申為地戶酉為

日入之門日至此時而藏光故曰山下火也戊戌己亥平
地木者戊為原野亥為木生之地夫木生于原野則非一
根一株之北故曰平地木也庚子辛丑壁上土者丑雖土
家正位而于則水旺之地土見水多則為泥也故曰壁上
土也壬寅癸卯金箔金者寅卯為木旺之地木旺則金羸
又金絕于寅胎于卯金既無力故曰金箔金也甲辰乙巳
覆燈火者辰為食時巳為禺中日之將中艷陽之勢光于
天下故曰覆燈火也丙午丁未天河水者丙丁屬火午為
火旺之地而納音乃水水自火出非銀漢不能有也故曰

天河水也。戊申己酉大驛土者申爲坤坤爲地酉爲兌兌
爲澤戊己之土加于坤澤之上非其他浮薄之土也故曰
大驛土也庚戌辛亥釵釧金者金至戌而衰至亥而病金
既衰病則誠柔也故曰釵釧金也壬子癸丑桑柘木者子
屬水丑屬金水方生木金則伐之猶桑柘木也甲寅乙卯
大溪水者寅爲東北維卯爲正東水流正東則其性順而
川澗池沼俱合而歸故曰大溪水也丙辰丁巳沙中土者
土庫辰絕巳而天干丙丁之火至辰短而巳歸官土既庫
絕旺火復與生之故曰沙中土也戊午己未天上火者午

為火旺之地未中之木又復生之火性炎上又逢生地故
曰天上火也庚申辛酉石榴木者申為七月酉為八月此
時木則絕矣惟石榴之木反結實故曰石榴木也壬戌癸
亥大海水者水冠帶戌臨官亥水臨官冠帶則力厚矣緣
亥為江非他水之比故曰大海水也

	書名	作者	提要
占筮類			
1	擲地金聲搜精秘訣	心一堂編	秘鈔本沈氏研易樓藏稀見易占秘鈔本
2	卜易拆字秘傳百日通	心一堂編	
3	易占陽宅六十四卦秘斷	心一堂編	火珠林占陽宅風水秘鈔本
星命類			
4	斗數宣微	【民國】王裁珊	民初最重要斗數著述之一；未刪改本
5	斗數觀測錄	【民國】王裁珊	失傳民初斗數重要著作
6	《地星會源》《斗數綱要》合刊	心一堂編	失傳的第三種飛星斗數
7	《斗數秘鈔》《紫微斗數之捷徑》合刊	心一堂編	珍稀「紫微斗數」舊鈔秘本
8	斗數演例	心一堂編	秘鈔本斗數全書本來面目；有別於錯誤極多的坊本
9	紫微斗數全書（清初刻原本）	題【宋】陳希夷	別於錯誤極多的坊本 無錯漏原版
10–12	鐵板神數（清刻足本）——附秘鈔密碼表	題【宋】邵雍	秘鈔密碼表 首次公開！
13–15	蠢子數纏度	題【宋】邵雍	蠢子數連密碼表 打破數百年秘傳 首次公開！
16–19	皇極數	題【宋】邵雍	研究神數必讀！密碼表
20–21	邵夫子先天神數	題【宋】邵雍	附手鈔密碼表 研究神數必讀！
22	八刻分經定數（密碼表）	題【宋】邵雍	皇極數另一版本；附手鈔密碼表
23	新命理探原	【民國】袁樹珊	子平命理必讀教科書！
24–25	袁氏命譜	【民國】袁樹珊	子平命理必讀教科書！
26	韋氏命學講義	【民國】韋千里	民初二大命理家南袁北韋
27	千里命稿	【民國】韋千里	北韋之命理經典
28	精選命理約言	【民國】韋千里	民初命理經典
29	滴天髓闡微——附李雨田命理初學捷徑	【民國】袁樹珊、李雨田	命理經典未刪改足本
30	段氏白話命學綱要	【民國】段方	民初命理經典最淺白易懂
31	命理用神精華	【民國】王心田	學命理者之寶鏡